REISEFÜHRER

EIDERSTEDT

HALBINSEL MIT CHARME

Bernd Allenstein · Michael Pasdzior

EIDERSTEDT

HALBINSEL MIT CHARME

Koehlers Verlagsgesellschaft
Hamburg

Fotos: Michael Pasdzior, soweit nicht anders angegeben
Karte: iGrafik | Holger Bennewitz | Stefan Wolff | Bonn/Frankfurt

Ein Gesamtverzeichnis der lieferbaren Titel schicken wir Ihnen gerne zu.
Bitte senden Sie eine E-Mail mit Ihrer Adresse an:
vertrieb@koehler-books.de
Sie finden uns auch im Internet unter: www.koehler-books.de

Bibliografische Information der Deutschen Nationalbibliothek
Die Deutsche Nationalbibliothek verzeichnet diese Publikation in der Deutschen Nationalbibliografie; detaillierte bibliografische Daten sind im Internet über http://dnb.d-nb.de abrufbar.

ISBN 978-3-7822-1217-5
Koehlers Verlagsgesellschaft, Hamburg

© 2015 by Maximilian Verlag, Hamburg
Ein Unternehmen der Tamm Media
Alle Rechte vorbehalten.

Gestaltung: Marisa Tippe
Druck und Bindung: DZS Grafik, Slowenien

INHALT

Schönes Eiderstedt… 8
Utholm: 16
St. Peter-Ording, Westerhever, Tating 16
   Weite, Wind, Strand und unbeschreibliches Licht – St. Peter-Ording 16
   Weißer Strand, so weit das Auge reicht 18
   Das andere Wahrzeichen von St. Peter-Ording:
   Die einmaligen Pfahlbauten 24
   Wer die Pfahlbauten genau anschaut, lernt sie zu unterscheiden:
   Von Nord nach Süd 28
   St. Peter-Ording für Anfänger 32
   Auf keinen Fall versäumen – besondere Orte in St. Peter-Ording 33
   Das Nationalpark-Haus in St. Peter-Ording in der Dünen-Therme 34
   Westküstenpark 34
   TakelageNaturGarten: TaNaGa 35
   Nordlicht 36
   Museum Landschaft Eiderstedt 36
   Nordseebernsteinmuseum Boy Jöns 38
   Der Leuchtturm von St. Peter-Böhl 39
Westerhever 41
   Stuffhusen 44
Die Kirchen der Halbinsel 45
Tating und der barocke Hochdorfer Garten 48
   Der Hochdorfer Garten 53

Everschop:	54
Garding, Welt, Osterhever, Poppenbüll	54
Garding, ein lebendiges Zentrum	54
Die Kirche, geweiht den Heiligen St. Maria-Magdalena, St. Christian und St. Bartholomäus	56
Katharinenheerd	62
Kunst und Kultur auf Eiderstedt	63
Welt und Vollerwiek – Natur, Kunst und Badefreuden	66
Vollerwiek	68
Poppenbüll – Osterhever	70
Osterhever	72
Warmhörn und Tetenbüll – ein Schulmuseum, ein Kaufmannsladen und Eiderstedter Spezialitäten	73

Eiderstedt:	76
Tönning, Oldenswort, Witzwort	76
Tönning – einst das Tor zur Welt	76
Die Kirche St. Laurentius	83
Der Nationalpark Wattenmeer – grenzenlose Vielfalt von Fauna und Flora	86
Das Nationalpark-Zentrum Multimar Wattforum	92
Kating und das Katinger Watt	98
Die Eider wird gebändigt: Das Eidersperrwerk	102
Der Haubarg – Ländliches Wohnen und Arbeiten unter einem Dach	106
Der Rote Haubarg	109
Das Herrenhaus Hoyerswort –	
vom Roten Haubarg über Witzwort nach Oldenswort	110
Das Herrenhaus Hoyerswort	112
Ausflüge	114
Friedrichstadt – Die Holländerstadt	114
Nach Koldenbüttel	122
Husum, nichts von wegen grau	123
Das Schloss vor Husum	124
Das NordseeMuseum Nissenhaus	126
Radfahren	128
Traditionelle Feste	129
Biikebrennen	129
Ringreiten – Wie geht das?	130
Boßeln	131
Berühmte Persönlichkeiten	132
Adressen	133
Internet	134
Literatur	135
Karte	136

SCHÖNES EIDERSTEDT …

… das ist Weite, Licht, Sonne, Wind und Meer – Ferienfreude. Strahlend gelbe Rapsfelder im Frühjahr, weites Grasland mit den charakteristischen Knicks, baumumstandene Warften mit kleinen oder großen reetgedeckten Gehöften in der Ferne, Wassergräben am Wiesenrain mit Blumen und Kräutern bestanden, in der Ferne anheimelnde Ortschaften mit weithin sichtbaren Kirchtürmen, der hohe Himmel mit den typischen, strahlend weißen Kumuluswolken – entspannen, erholen, genießen, zu sich selbst kommen. Vom Wind gezauste, nach Osten geneigte Bäume, Stürme, Regen, Schnee, wilde Sturmfluten, pure, raue, manchmal unwirtliche Natur, der es zu trotzen gilt – nichts ist schöner, als sich am Strand, bei einem langen Spaziergang vom Wind durchpusten zu lassen, um danach in der warmen Stube ein Tasse Friesentee mit großen Kluntjes und einem Löffel aufgelegter Sahne mit Genuss zu trinken. Abenteuer und Erholung verschmelzen zu einem unvergesslichen Erlebnis.

UTHOLM

Die sich ständig verändernde Landschaft, geformt von Ebbe und Flut, von Wind und Meer – Eiderstedt war nicht immer die Landschaft, wie wir sie heute erleben. Früher lagen die drei meerumspülten, durch Priele getrennten Inseln Utholm, Everschop und Eiderstedt in der Nordsee. Immer wieder starken Sturmfluten ausgesetzt, konnten sie erst nach der Zweiten Marcellusflut am 16.1.1362, die als »Große Mandränke« in die Geschichte einging, durch verstärkte Eindeichung und Landgewinnung allmählich vereinigt werden. Über die Schäden und Verluste dieser und auch der folgenden schweren Sturmfluten gibt es in den Chroniken spekulative Zahlen, jedenfalls müssen sie für die Menschen, ihre Häuser, für Vieh und Land katastrophal gewesen sein. Dieser Flut fiel der sagenumwobene Ort Rungholt zum Opfer. Als Strafe für gotteslästerlichen Übermut sagen die einen, wegen des unermesslichen Reichtums und der Überheblichkeit sagen die anderen. Wie auch immer, Fundstücke jedenfalls bestätigen, dass es Rungholt gegeben hat.

Im ständig harten Kampf mit dem Meer, dem das Land abgerungen und zu fruchtbarem Ackerland gebildet wurde, entstand die Lebensgrundlage für eine wohlhabende bäuerliche Kultur mit einem oft luxuriösen Lebensstil, bildungsorientiert, auch orientiert an städtisch-bürgerlichen Vorbildern, jedoch ohne das bäuerliche Selbstverständnis zu verleugnen.

Hinter einem blühenden Rapsfeld versteckt sich der Richardshof, einer der ältesten reetgedeckten Haubarge von Eiderstedt.

UTHOLM 11

Das schöne Eiderstedt ist Rastplatz für viele Vögel und Lebensraum für unterschiedlichste andere Tiere. Es soll auch ein Erholungsraum für uns bleiben – behandeln wir es gut!

Ein Storchenpaar bereitet sich auf den Nachwuchs vor.

Mit dem Wellness-Hotel »StrandGut Resort« begann die Modernisierung von St. Peter-Ording.

In dem »Heil- und Schwefelbad St. Peter-Ording« hat sich in den letzten Jahren viel getan. Nach nicht endenden Debatten über Strandparken, die 60er-Jahre-Waschbetonklötze und die traditionellen Kurgäste entstand ein »Kurklima«, das nicht nur die klassischen Gäste für Neues begeistert, sondern auch junge Familien lockt, sportbegeisterte Surfer, Naturfreunde, Wellnessgenießer und die Träger bunter Baseballkappen, sie sind jetzt in St. Peter-Ording auch Stammgäste. Die Trendwende begann, nachdem 2007 das »StrandGut Resort« in St. Peter-Bad direkt am Strand ein modernes Haus mit vielen Sport- und Wellnessangeboten eröffnete. Die Saison dauert von Januar bis Dezember – die Zeiten, wo die Urlauber nur in den wenigen Sommermonaten hier im Strandkorb lagen, sind längst vorbei. Neue, moderne Hotels haben eröffnet. Sie erinnern an Strandhäuser der amerikanischen Ostküste, in ihnen wird jeder selbstverständlich geduzt und der Dresscode ist abgeschafft. Von St. Peter-Ording aus erfindet sich das Ferienrevier neu, ohne der Syltisierung zu erliegen.

Auf der Strandpromenade flanieren im Wind die Feriengäste.

Wer es traditionell liebt, findet in »Kathmeyer's Landhaus Godewind«, einem der ältesten Häuser von St. Peter-Ording, unter dem Reetdach eine modern renovierte Bleibe.

UTHOLM

KATHMEYER'S
Landhaus Godewind

Wenn ein Haus erzählen könnte, hätte es viel zu berichten.

Mit viel Liebe zum Detail und Gespür für's Besondere wurde Ursprung bewahrt und Raum für Neues geschaffen. Hier trifft seit Frühling 2011 rheinhessische Lebensfreude auf friesische Lebenskultur, kuschelige Reetdach-Romantik auf modernen Landhausstil. Herzlich willkommen bei Kathmeyer's!

Waldstraße 31
25826 St. Peter-Ording

Telefon 04863 / 96 90 0

info@kathmeyers.de
www.kathmeyers.de

UTHOLM:
ST. PETER-ORDING, WESTERHEVER, TATING

Weite, Wind, Strand und unbeschreibliches Licht – St. Peter-Ording …
… der eigentliche Namensgeber ist die im 13. Jahrhundert eingeweihte Kirche St. Petrus in Dorf.
Die Ortsteile Ording, Bad, Dorf und Böhl sind erst im Januar 1967 zu der Gemeinde St. Peter-Ording zusammengefasst worden.
St. Peter, an der westlichsten Spitze der Utlande gelegen, war im Vergleich zu den reichen Marschlanden Eiderstedt und Evershop im armen Geestland immer ein Stiefkind der »Dreilanden«. Mit der Ankunft des ersten Badegastes 1838, der für seine Übernachtung bezahlte, sollte sich das rasch ändern. Die Zahl der Sommerfrischler stieg trotz fehlender Zufahrtsstraßen und Bahnanbindungen – erst im Jahr 1932 bekam St. Peter-Ording einen Schienenanschluss. Das »Strandhotel«, ein attraktiver Holzbau inmitten der Dünen vom Ortsteil Bad, lud ab 1877 Gäste ein.

Das Ärzteehepaar Felicitas und Richard Felten eröffnete 1913 das Sanatorium »Zum Goldenen Schlüssel« (nomen est omen?) – damit wurde St. Peter-Ording zum Heilbad. Als dann zufällig bei einer Bohrung in der Nähe der heutigen Therme

1958 eine Schwefelsalzquelle gefunden wurde, erhielt St. Peter-Ording die amtliche Bezeichnung: Nordseeheil- und Schwefelbad. 2013 kamen ungefähr 250.000 Gäste und es werden gut 2,3 Millionen Übernachtungen gezählt.

So verschieden die einzelnen Ortsteile auch sein mögen, der dem Deich vorgelagerte Strand verbindet sie miteinander. Ording sorgt für etwas Trubel mit seinen zahlreichen Großveranstaltungen für Wassersportler, dem neuen »Beach Motel«, das ganz auf die Surf-Klientel ausgerichtet ist und für sie auch spezielle Angebote bereithält. Auch das neue Hotel »Zweite Heimat« öffnet neuen Gästen die Tür zur Nordsee, die St. Peter-Ording eher in der Schublade »Familienurlaub« und »Rentneroase« hatten. Inzwischen haben die vier Ortsteile einem bunt gemischten Publikum für jedes Alter und die unterschiedlichsten Bedürfnisse viel zu bieten: Ruhe und Erholung, Fun und Spektakel, Sport und Naturerlebnis, Kultur und Geschichte, Wellness und Fitness und vieles mehr.

Hotel »Zweite Heimat«

»Beach Motel«

Weißer Strand, so weit das Auge reicht

Strand, Dünen, Meer, Wind, Sonne, der endlos hohe Himmel – St. Peter-Ording. Kaum in St. Peter angekommen, setzt auch schon die aktive Erholung ein. St. Peter-Ording ist nicht nur eines der bekanntesten Reiseziele der Nordseeküste, sondern auch eine der größten Sandkisten Deutschlands: Zwölf Kilometer ist der feinsandige Strand lang und bis zu zwei Kilometer breit, kombiniert mit dem Duft von Kiefern und Salzwiesen.

UTHOLM

Jedes Jahr im Sommer, im August treffen sich neun Tage lang am Strand von Ording die Kiter aus aller Welt, um durch die Wellen zu pflügen. Der Kitesurf World Cup gehört zu den aufregendsten Events der Szene. Bis zu 180.000 Besucher kommen jedes Jahr. »Faszination Kitesurfen – ein Beachevent der Extraklasse: tagsüber spannende Wettkämpfe und coole Beachpartys am Abend …!« so werben die Veranstalter für das besondere Ereignis, das junge Gäste nach St. Peter bringt. Natürlich geht es in dieser Zeit etwas turbulenter, manchmal auch etwas lauter zu als bei dem typischen Familienurlaub. Nicht nur Gäste, auch manche Einheimische sind gelinde gesagt genervt; aber das Event ist zeitlich begrenzt – und wer den Sportlerinnen und Sportlern zuschaut, die Lebensfreude und den sportlichen Wettbewerb, die Ernsthaftigkeit und Eleganz erlebt, kann nicht ernsthaft sauer sein. Außerdem bietet der große Strand viele Möglichkeiten, dem Trubel zu entgehen.

Beachvolleyball, Strandkiten und Surfen –
hier kann sich jeder nach Belieben austoben.

Zwischen der Badestelle Bad und der Badestelle Ording ist seit 2006 der Strand für Sportler reserviert. Rasante Rennen, atemberaubende Tricks oder aufsehenerregende Zehn-Meter-Sprünge: Die Athleten zeigen ihr Können. Aber auch wenn kein World Cup in St. Peter ist, gehört dieser Strand den Sportlern. Der Wind lockt nicht nur die Kiter und Surfer an, auch die Strandsegler sind hier zu Hause, denn der Strand von St. Peter-Ording gilt als deutsche Hochburg des Strandsegelns. Strandsegler sind Menschen, die genießen die schönsten Strände, bei jedem Wind und Wetter, auch dann wenn die Badegäste sich schon in den schützenden Standkorb zurückgezogen haben. Ursprünglich war das Strandsegeln vor etwa 400 Jahren eine Transportmöglichkeit von Waren und Menschen am Strand in den Niederlanden, heute wird nur noch die sportliche Variante gepflegt. Auf den modernen schmalen, dreirädrigen Flitzern mit Mast und Segel geht es zu wie auf einem Rennsegler im Wasser: Wenn die Segel gesetzt sind, der richtige Wind weht, kreischen die Winschen und ächzen die Schoten; mit bis zu 130 Kilometern in der Stunde rasen die Piloten über den Strand, aber nur wer die sanfte Führung der Schot versteht und wer den Strand lesen kann, fährt vorne mit.

Eigentlich sieht es ganz gemütlich aus – die Strandsegler erreichen Geschwindigkeiten bis zu 130 Kilometer in der Stunde.

Das andere Wahrzeichen von Sankt Peter-Ording: Die einmaligen Pfahlbauten

In fünf bewachte Badestellen teilt sich der etwa zwölf Kilometer lange feine, weiße Strand; die flachen, ungefährlichen Badezonen sind für die Sicherheit der Badegäste durch Bojen gekennzeichnet. Die Pfahlbauten, am Strand weithin erkennbar, beherbergen die Badeaufsicht, Gastronomie, Sanitäranlagen und Strandkorbvermietung.

Schon 1911 wurde der erste der charakteristischen Pfahlbauten errichtet, um die Badegäste mit Speisen und Getränken zu versorgen. Die Ortsansässigen hatten schnell einen passenden Namen gefunden: »Giftbude« (platt: dor gift dat wat) – natürlich war damit oft der Hochprozentige gemeint, insbesondere wenn die Sonne von außen nicht mehr so recht wärmen wollte.

UTHOLM

Der frühe Bau hielt den Fluten jedoch nicht lange stand, sodass seine Nachfolger höher angelegt und tiefer gegründet wurden, um dem Blanken Hans zu trotzen. Immer wieder werden die Standhaftigkeit und der Verschleiß der Pfähle überprüft, und wenn nötig werden sie erneuert. Die Pfähle stecken ungefähr fünf Meter tief im Strand, und die Restaurants liegen bis zu acht Meter hoch, bei Ebbe über den Strand leicht zu erreichen. Wer bei Flut zum Abendessen geht, sollte an die Gummistiefel denken, denn manchmal geht es durchs Wasser zum Restaurant. Die schräg angeschlagenen Querbalken sind keine Spielerei der Zimmerleute, sie sollen die Eisschollen ablenken und damit mögliche Gefährdungen bei großer Kälte und starken Wellen Einhalt gebieten.

»Seekiste«

Bei den drei Bauwerken, die im Besitz der Tourismuszentrale sind, die »Seekiste«, die »Strandhütte« und »Strandbar 54° Nord«, sorgt der Bauhof für Instandhaltung und Sicherheit.

Geschützt vor dem Wind im Liegestuhl entspannt den Drink, die Weite, den Himmel und das Meer genießen – geht's schöner?

UTHOLM

Der ganz eigene Charme der Pfahlbauten, inmitten von Strand und Meer, hat sie zum Wahrzeichen Sankt Peter-Ordings gemacht. Ob morgens, mittags oder am Abend, bei Sonne und Wind – der Aufenthalt ist immer ein außergewöhnliches Erlebnis; natürlich am Abend zum Sonnenuntergang – ob mit Bier, Champagner oder Mineralwasser – schöner und romantischer kann der Tag nicht ausklingen.

»Strandbar 54° Nord« – wenn die Flut zu hoch steigt, geht es nur mit Badekleidung oder Gummistiefel in die Bar.

Wer die Pfahlbauten genau anschaut, lernt sie zu unterscheiden: Von Nord nach Süd

Das Pfahlbaurestaurant »Silbermöwe« befindet sich beim FKK-Strand und gehört zur Badestelle Ording-Nord. In der rustikalen »Silbermöwe« ist seit Mitte der Siebziger fast alles beim Alten geblieben. Aufmerksame Besucher erkennen das Ambiente sicher wieder aus den Fernsehserien »Die Strandclique« und »Gegen den Wind«, die hier gedreht wurden.

UTHOLM

Badestelle Ording mit der »Strandbar 54° Nord« ist im größten Strandabschnitt St. Peter-Ordings gelegen und besonders bei den Wassersportlerinnen und Surfern beliebt, nicht nur weil hier der Strandparkplatz die Wege verkürzt, sondern weil hier die Bedingungen einfach ideal sind. An diesem Strandabschnitt finden auch die jährlichen Events wie Drachenfestival, Beachvolleyball, Strandkonzerte oder der »Gegen den Wind Triathlon« statt.

Die Badestelle Bad ist besonders bei Familien beliebt, weil hier an der flachen »Küste« das Baden den ganzen Tag über möglich ist; bei Ebbe zieht sich das Wasser ca. 200 Meter zurück und ein ziemlich ungefährliches Flachwasser bleibt. Zum Pfahlbaurestaurant »Arche Noah« führt eine 1.095 Meter lange Strandbrücke direkt von der Promenade im Ortsteil Bad.

Badestelle Süd, vor dem Ortsteil Dorf gelegen, lädt mit weiten Wattflächen bei Niedrigwasser zu Wattwanderungen und vielfältigen Erkundungstouren ein und hinterher geht's in das Pfahlbaurestaurant »Die Strandhütte« für eine Erfrischung oder einen Imbiss.

Im Strandabschnitt Böhl steht das Pfahlbaurestaurant »Die Seekiste« – hier werden noch die Krabben frisch mit der Hand gepult und das Salzwiesenlamm serviert. Dieser Strand lädt ein zum Wandern am fast unendlichen Meeresrand, an Salzwiesen vorbei, auf denen die Schafe weiden, zum Innehalten bei den sensationellen Sonnenuntergängen. Zwischen Böhl und Dorf können auch die Reiterinnen und Reiter am Strand galoppieren und die Natur erleben; auf vielen Reitwegen, die Eiderstedt durchziehen, kommen sie besonders auf ihre Kosten.

UTHOLM

Ja, wenn sich Sand und Meer und Himmel, Wolken und Sonnenstrahlen und glitzernd funkelnde Brandung mit dem rosa, roten und gelben Licht zu einer grandiosen Kulisse vereinen, hat das Schwärmen kein Ende – und wer nachts das Meeresleuchten erlebt hat, vergisst es nie.

St. Peter-Ording für Anfänger

Ca. alle sechs Stunden wechseln Ebbe und Flut; das Wasser zieht sich zurück, aber mit Sicherheit kommt es wieder, denn das Watt ist doch UNESCO-Naturerbe. Viele sind dann angesichts der »braunen Brühe« entsetzt, doch die Wattführerin erklärt, dass die Gezeiten Sedimente aufwirbeln, die einen wesentlichen Beitrag zum Leben und Erhalt der biologischen Vielfalt im Wattenmeer leisten, d. h. alles ist natürlich.

Den Strandparkplatz – wahrscheinlich im Sommer Europas größter Parkplatz – muss man nicht unbedingt mögen, aber man sollte ihn sich nicht entgehen lassen. Von weit her kommen die Reisenden, um an einem der schönsten Nordseestränden inmitten von unendlich vielen Autos zu picknicken, sich zu sonnen, im Zweifel auf der Motorhaube, zu knutschen oder einfach nur zu entspannen – hier kann jede und jeder nach seiner Fasson glücklich werden, auch wenn für das Parken ein Obolus zu entrichten ist.

UTHOLM

Auf keinen Fall versäumen – besondere Orte in St. Peter-Ording: Nordsee-Therme und Saunalandschaft vom Feinsten

Zu jeder vollen Stunde werden die ansonsten eher entspannt schwitzenden Saunagäste munter: Sie wollen in das heiße Herz der Kelo-Sauna, ein Blockhaus aus sehr lange gelagertem Holz der finnischen Polarkiefer. Der Saunameister oder die -meisterin erklärt, dass das Holz die Feuchtigkeit aufnehmen und – ähnlich wie die Haut – nach außen transpirieren kann. Die Aufgüsse wechseln von Stunde zu Stunde: Honig-Peeling-Aufguss oder Kräuter-Aufguss, Blanker-Hans-Spezial oder Gute-Nacht-Aufguss – wohlige Entspannung, Wärme und Ruhe, wo sonst, wenn nicht hier.

Wer es aufregender will, begibt sich in die unglaubliche Rutschenlandschaft: Die gelbe Rutsche beginnt mit einem beinahe freien Fall und befördert die Gäste in wenigen Sekunden 65 Meter in die Tiefe. Der Einstieg zur kurvenreichen Talfahrt der orangefarbenen 95 Meter langen Reifenrutsche beginnt an einem Tor, das Eingeweihte schon an Stargate denken lässt.
Ergänzt wird das Rutschenensemble durch

die 120 Meter lange blaue Außenrutsche mit Stromschnellen, plötzlichen Gefällen oder unerwarteten Wasserschleiern. Der Spaß ist garantiert. Wer draußen am Deich spazieren geht, kann die spitzen Schreie der Lust, der Freude oder des sanften Erschrecken hören.

2014 ist die renovierte, modernisierte Dünen-Therme nach zweijähriger Bauzeit wiedereröffnet worden. Großzügig, hell, lichtdurchflutet, mit Ruhezonen und einer delikaten Gastronomie aus dem benachbarten Wellness-Hotel mit freiem Blick auf die Nordsee. Auf dem neuesten technischen Stand ist das Wellenbad, das Kinderbecken ist neu gestaltet und große Glasfassaden setzen das Ensemble mit seinen hellen, frischen Farben in das rechte Licht; auch ein Wellness-Zentrum ist angeschlossen; hier können sich die Gäste bei feinen Anwendungen das ganze Jahr über entspannen. Das Nationalpark-Haus St. Peter-Ording ist im Souterrain untergebracht, in dem viele spannende Informationen über die Küstenlandschaft für den neugierigen Besucher bereitstehen.

Das Nationalpark-Haus in St. Peter-Ording in der Düne-Therme

Das Nationalpark-Haus in St. Peter-Ording bietet unter dem Motto »Leben mit Sand, Wind und Flut« eine Ausstellung, in der sich der Nationalpark Wattenmeer mit allen Sinnen erleben lässt. Modelle, Aquarien, Filmvorführungen, eine interaktive Insel, Bild- und Texttafeln – unterhaltsam und spannend erlebt der Besucher die wichtigsten Aspekte der Schutzgebiete des Nationalparks und erfährt auch vieles über das Leben hinter dem Deich. www.nationalparkhaus-spo.de

Westküstenpark

Der Spaziergang durch den Westküstenpark ist ein ungewöhnlicher Ausflug für die ganze Familie, mit seinen über 800 Haus- und Wildtieren und dem Robbarium gibt es viel zu sehen. Nicht nur für Kinder, die im Streichelzoo seltenen Haustierrassen begegnen können, dem Ouessant, die kleinste Schafrasse der Welt oder den Barock-Eseln mit ihren blauen Augen, auch für Erwachsene hält der Westküstenpark manche Attraktion bereit: Das 1.000 Quadratmeter große Robbarium, das größte Deutschlands, wurde ausgezeichnet als gelungene Integration von Kultur- und Naturraum. Hier lassen sich auch Basstölpel und Reptilien aus nächster Nähe beobachten, Kormorane, Schwarzstörche, weiße Löffler, Schneeeulen und im Freigehege Alpakas, Maras (Pampashasen) und Nandus (straußenähnliche Laufvögel). Natur hautnah gewissermaßen.

Foto: Jens Bredehorn, pixelio.de

TakelageNaturGarten: TaNaGa

Unmittelbar an der Nordseeküste, im Wald von Ording hinter den Dünen, zwischen bizarren Kiefern gibt es seit dem Jahr 2000 den Hochseilgarten TaNaGa. In den USA heißen solche Anlagen High Ropes Courses. Trainiert wird hier neben Teamgeist vor allem »Freude am Tun«, wie die Betreiber sagen.

»Vom Anfang konsequent und beharrlich zum Ziel!«

Der Hindernis-Parcours mitten im Wald besteht aus über 20 Balance-, Kletter- und Logik-Elementen, die sich fast auf dem Boden – bis ca. 40 cm – zwischen den malerischen Bäumen befinden (Low Ropes Parcours). Es gilt, von »A« nach »B« zu balancieren oder einen Weg in einer bestimmten Zeit zu finden. Ob im Team oder auch allein, das entscheiden die Kletterer selbst.

Besondere Ansprüche an Fitness oder sportliche Verfassung sind keine Voraussetzung; etwas Mut und Risikobereitschaft sollte man aber mitbringen – oder einfach im TaNaGa trainieren.

Besonders Mutige können auch höher hinaus, in den High Ropes Cours, der bis zu sieben Meter hoch durch die Bäume verläuft. Keine Sorge, das modernste Sicherheitsequipment sorgt dafür, dass Sie den Parcours ungefährdet meistern; überdies begleiten Sie erfahrene Trainer. Am Ende überwiegen der Spaß und die Freude am eigenen Können.

Nordlicht

Foto: Nordlicht

Auch wenn die Sonne einmal nicht scheinen sollte, der Wind die grauen Regenwolken nicht vertreiben kann und das graue, düstere Licht am Abend die Sicht auf den Sonnenuntergang verhindert, bietet St. Peter-Ording seinen Gästen abwechslungsreiche Attraktionen.

Das Kino »Nordlicht« wurde im März 2009 im Ortsteil Bad, ganz in der Nähe der Strandpromenade und der Dünen-Therme wiedereröffnet. Nicht nur die aktuellen Filme in bester Qualität und mit der modernsten Technik führt das kleine, traditionelle Kino seinen Gästen vor – das »Nordlicht« ist ein Verzehrkino! In angenehmer Atmosphäre bedient das freundliche Servicepersonal – auf Wunsch – am Platz vor der Vorstellung.

Museum Landschaft Eiderstedt

Nicht weit von der Dorfstraße, im Ortskern von St. Peter-Ording, in einem 1752 erbauten, sehr schön restaurierten Eiderstedter Haus befindet sich das Heimatmuseum. Im »Haus Jensen«, wie es nach seinem letzten Besitzer genannt wird, begrüßt den Besucher die ehrwürdige »Graue Frau«, eine Sandsteinfigur in der Tracht einer verheirateten Frau. Der damaligen Mode entsprechend, im spanischen Stil gestaltet mit den entsprechenden Accessoires: Flügelhaube, einer dreiteiligen Brustbrosche und einem Gürtel mit Schmuckplatten.

Das besondere am Heimatmuseum ist, dass hier auf anregend-unterhaltsame Weise Vergangenheit und Gegenwart, Kultur und Natur, Deichbau und Siele erklärt werden. Ein Blick in das Modell eines Haubargs zeigt sehr schön die unterschiedlichen Funktionen der Räume für die Landwirtschaft und das alltägliche Leben. Die Geografie und die spezielle Landschaft vor und hinter dem Deich werden den Besuchern auf spielerische Weise nahegebracht.

Besondere Veranstaltungen ergänzen das Angebot: Literatur, Musik, Vorträge zu historischen Themen und zur gegenwärtigen Entwicklung sowie Feste für Kinder und Erwachsene.

Die gute Stube des Museums, der Pesel, ist der offizielle Trauungsort des Amtes Eiderstedt: romantisch im reetgedeckten Museum zwischen Kirche und Dorfkrug. Also, wer sich traut und im Leuchtturm von Westerhever keinen Termin bekommt, hat hier noch eine Chance ...

museum-landschaft-eiderstedt.de

Im Pesel, der guten Stube im Museum Landschaft Eiderstedt, lassen sich die Paare der Halbinsel trauen.

Nordseebernsteinmuseum Boy Jöns

Wer aufmerksam und mit viel Geduld am Strand entlangwandert, hat manchmal das Glück, durch Zufall ein Stück zu finden, Bernstein, das Gold des Nordens. Die richtigen Tricks bei der Suche verrät das Nordseebernsteinmuseum und auch Spannendes zur Entstehungsgeschichte, zur Bearbeitung und zu den Wegen, die Bernstein zurückgelegt hat, um am Strand von St. Peter gefunden zu werden.

Vom Kolonialwarengeschäft über Kunstgewerbe zum Bernsteinfachgeschäft und einem aktiven Museum – das ist nur möglich mit Leidenschaft und persönlichem Engagement.

Aus dem Hobby des Vaters, der 1925 ein Kolonialwarengeschäft in St. Peter eröffnete und in seiner Freizeit Bernstein sammelte, entstand 2001 das Nordseebernsteinmuseum Boy Jöns mit einer Sammlung von 45–50 Millionen Jahre alten Stücken. Im Inklusenkabinett werden Insekteneinschlüsse in einem echten Stück Wald gezeigt, und in einem großen Stranddiorama sind die Stellen markiert, wo der Bernstein am Strand zu finden ist. In den Ferien bietet das Museum Schleifkurse für Kinder an. Aus einem unscheinbaren Rohstein des fossilen Harzes gestaltet jedes Kind ein besonderes Schmuckstück. Auch für Erwachsene gibt es Kurse, es macht richtig Spaß, an der Entstehung eines Juwels teilzuhaben.   www.nordsee-bernsteinmuseum.de

UTHOLM

Der Leuchtturm von St. Peter-Böhl

Leuchttürme sind die Seezeichen, die den Seefahrern den sicheren Weg durch gefährliches Fahrwasser weisen. 1892 wurde der Leuchtturm zu Böhl als Tageslichtfeuer erbaut. Weithin sichtbar steht er auf dem Deich. Leuchttürme strahlen mit ihren absolut regelmäßigen Lichtsignalen Zuverlässigkeit und Vertrauen aus; sie lassen einen aber auch ins Träumen geraten – Fernweh, Sehnsucht. Wenn das Licht in der Ferne am weiten Horizont verschwindet, kommt auch manchmal eine romantische Stimmung auf – es ist schön, sich in der Stille am Böhler Turm darauf einzulassen. Bekannt sind sie uns eher in ihrer rot-weißen Verkleidung; der Turm in Böhl jedoch ist ein Klinkerbau und 18 Meter hoch; das Laternenhaus aus Gusseisen trägt ein Kupferdach. Das Feuer leuchtet aus einer Höhe von 23 Metern und zeigt als Quermarkenfeuer den Richtungswechsel der Eider an.

Dies sind einige Orte, die St. Peter zum touristischen Besuchsmagneten machen, aber gelassen durchs Dorf zu schlendern, die reetgedeckten Häuser anschauen, die Blumenpracht der Vorgärten genießen, in einem der vielen Cafés in der Sonne sitzen oder im Windschatten dem bunten Treiben zuschauen, die Gedanken schweifen zu lassen – da beginnt schon die Erholung.

INFO

Der Leuchtturm Westerheversand:
54°22'27" Nord, 8°38'28" Ost.
Zwischen 1906 und 1908 errichtet
Kosten: Sage und schreibe etwa
250.000 Reichsmark.
Er steht auf 127 dicken, langen Eichenpfählen.
Feuerhöhe: 41,50 Meter
Plattform: In 37 Meter Höhe.
Seit 1975 Xenon-Hochdrucklampe,
2.000 Watt; (Kennung Ubr. (3) w. r. gn. 15 s)
Reichweite: 21 Seemeilen
(38,892 Kilometer).
Der letzte Leuchtturmwärter bis 1979:
Heinrich Geertsen.

UTHOLM

WESTERHEVER

Der Leuchtturm Westerheversand öffnet das Tor zum Wattenmeer – Seezeichen und Attraktion zugleich.

Genau hier erklingt der akustische Vierklang der Nordsee: das Schlagen der Wellen, das Schreien der Möwen, das Brausen des Windes und das Blöken der Schafe.

Der Farbenzauber in Abhängigkeit zur Jahreszeit beglückt das Auge: braungrün im Frühjahr, violett im Sommer, rotgolden im Herbst, stahlblau im Winter.

Manche Jahreszeiten zwingen zum Tragen von Gummistiefeln, denn der Leuchtturm steht etwas mehr als einen Kilometer vor dem Außendeich, umgeben von Salzwiesen, aber weithin sichtbar mit seinen zwei baugleichen Häusern. Es ist die abgeklärte Gelassenheit dieser schlanken, eleganten, rot-weiß gestreiften Wegmarke im Wattenmeer, die so anziehend wirkt. Er trotzt seit über einhundert Jahren allen Wettern und steht unerschütterlich auf seiner Warft.

Eine Biermarke wirbt mit dem Bild, und von Briefmarken ist er auch bekannt. Mit dem Auto ist er nicht zu erreichen: Vom Parkplatz folgt man dem Hauptweg bequem entlang des Naturparks in nördlicher Richtung, dann zweigt der historische Stockenstieg ab, es ist ein 45 Zentimeter breiter, mit Ziegeln geklinkerter Weg durch das Salzwiesen-Vorland.

Jetzt sind es nur noch 1,2 Kilometer bis zur Leuchtturmwarft, die 5,40 Meter hoch aufgeschüttet ist. Diesen Backsteinweg, so ein Schild am Wegrand, sollten Besucher nur in den Sommermonaten nutzen, um der Natur in der restlichen Jahreszeit eine Erholungspause zu gönnen. Der Hauptweg geht über eine Piste aus Betonplatten – nicht romantisch, aber so ist das Wahrzeichen jedenfalls (meist) trockenen Fußes zu erreichen.

Von hier aus ist es noch ein 20-minütiger Spaziergang durch das flache Vorland.

Menschen, die sich trauen, haben die Möglichkeit, im »Hochzeitszimmer« auf dem Turm im Beisein eines Standesbeamten sich das Jawort zu geben – ein wildromantisches Erlebnis.
Natürlich können hier auch von April bis September die Hochzeitskutschen bequem vorfahren. Ungefähr einhundert Eheschließungen werden im Turmzimmer im vierten Stock feierlich begangen. Das Standesamt Garding, Außenstelle Westerheversand, ist dafür zuständig.
(Anmeldungen über das Amt Eiderstedt in Garding, Tel. 04862-100038)

Ein ausgefallenes Erlebnis ist natürliche eine Kutschfahrt durch die Landschaft um den Leuchtturm. In den Sommermonaten fährt Jens Wallert vom Parkplatz in Westerhever immer um 10 Uhr los und erzählt auf der Fahrt humorvolle und auch kuriose Geschichten über Land und Leute.

Bei Neu- oder Vollmond, wenn das Hochwasser extrem ansteigt und es wieder einmal »Land unter!« heißt – wenn also die Warft vollständig vom Wasser umgeben ist –, lässt sich erahnen, unter welchen Bedingungen die Leuchtturmwärter mit ihren Familien lebten. Seit 1979 wird das Feuer vollautomatisch fernüberwacht, und Heinrich Geertsen ist in den Ruhestand geschickt worden.
Aber dennoch, Geertsen zeigt jährlich ungefähr 3.000 Besuchern »seinen« Leuchtturm. Wer die 157 Holzstufen emporgestiegen ist, kann nicht nur im ersten Stock ein hübsch antik eingerichtetes Zimmer besichtigen, sondern auch den Betriebsraum, den ehemaligen Wachraum und das Trauzimmer im vierten Stock.

Die einmalige Attraktion ist natürlich die Aussicht von der umlaufenden Plattform in 37 Meter Höhe: Von hier aus scheint der Horizont unendlich weit und der blaue

Friesenhaus „Westerhever"
Heerstraße 19, 25881 Westerhever

Haubarg „Alte Strandvogtei"
Osterdeich 1, 25881 Westerhever

Haubarg „Ossenhoff"
Medehop 14, 25881 Tating

www.Reet-und-Meer.de

Stilvolle gepflegte Ferienwohnungen • in liebevoll renovierten historischen Bauernhäusern • unter altem Reet • in herrlicher Alleinlage • umgeben von der Natur.
Schauen Sie sich unsere Häuser bei einer kleinen Rundfahrt doch einmal an.

Willkommen bei Familie Seitz
Tel. 0 40 - 20 61 59
E-Mail: info@reet-und-meer.de

Himmel, am schönsten mit den weißen Kumuluswolken, unerreichbar hoch. Bei klarem Wetter sieht man landeinwärts fast alle achtzehn Kirchen der Halbinsel Eiderstedt. Achtung, hier weht immer ein Wind, mal sanft, mal kräftig und manchmal ungestüm! Wenn Heinrich Geertsen von »seinem« Leuchtturm erzählt, werden alte Zeiten lebendig; auch die Gefahren, die dieser Beruf mit sich bringt, z. B. das Eingeschlossensein vom Wasser bei der Flut und dem Unwetter von 1976. »Man muss seinen Job lieben, dann ist nichts ungemütlich«, sagt er und lehnt sich behaglich zurück, wenn draußen der Wind pfeift.

Früher lebten in den kleinen Häusern neben dem Leuchtturm – gerade sie verleihen dem Ensemble seine einmalige Silhouette – die Familien des Leuchtturmwärters und seines Vertreters. Heute befindet sich in einem Haus die Basis der Schutzstation Wattenmeer mit dem Schwerpunkt Vogelschutz. Hier beginnen die spannenden Exkursionen zur Vogelbeobachtung, z. B. »Vogelzug und Wattenmeer – Gänse, Seeschwalbe und Regenpfeifer«. Das zweite Haus wird vom Nationalparkamt in Tönning für Seminare genutzt. Die neunzehn Schlafplätze bieten den Seminaristen die einmalige Gelegenheit, unmittelbar die Gezeiten, die Sonnenauf- und -untergänge und die einmalige Natur des Wattenmeeres und der Salzwiesen zu erfahren. Von Natur umfangen – sonst nichts.

Die Wanderung zum Leuchtturm ist natürlich bei jeder Jahreszeit und bei jedem Wetter ein Erlebnis, dennoch ist es im Frühsommer drei Stunden vor Sonnenuntergang am allerschönsten, denn dann hat man die Weite ganz für sich allein.

www.schutzstation-wattenmeer.de

Stuffhusen

Stuffhusen liegt am Rande der kleinen Harde Utholm, nördlich des Leuchtturms Westerheversand und gehört zum Kirchspiel Westerhever; außer dass hier direkt am Deich noch ein Haubarg liegt, der auch gemietet werden kann, gibt es eine hinreißend einsame Badestelle. Hier starten Strand- und Wattwanderungen, friedlich, ruhig und mit einem einzigartigen Rundblick über Land und Wasser, begleitet von unterschiedlichen Vogelschwärmen je nach Jahreszeit.

Ein außergewöhnliches Ereignis ist die Strandtaufe, die Pastor Thomas Knippenberg aus Garding am Stand von Stuffhusen gestaltet – ein plattdeutscher Taufgottesdienst vor dem Horizont der Nordsee. Die Paten, Familien und die Täuflinge bringen Picknick mit, um das Fest der Taufe feierlich zu begehen.

Haubarg, Westerhever

UTHOLM

DIE KIRCHEN DER HALBINSEL

Es gibt 18 historische evangelische und zwei katholische Kirchen auf der kleinen Halbinsel, eine Kirchendichte wie nirgends in Schleswig-Holstein.

Die Eider war schon im 12. und 13. Jahrhundert ein viel befahrener Verkehrs- und Handelsweg, der Nord- und Osteuropa mit dem Westen verband. Manch archäologischer Fund – z. B. in der Eiderstedter Marsch bei Tofting, Welt und Elisenhof – zeugen davon; aus der Wikingerzeit fand man in Gräbern u. a. eine mit silbernen Zinnplättchen geschmückte Keramikkanne aus dem Rheinland, die Tatinger Kanne sowie die charakteristischen ovalen Schalenfibeln, die von Frauen getragen wurden.

Das Baumaterial der Kirchen wie rheinischer Tuff oder der für Taufbecken verwendete Kalkstein aus dem flandrischen Namur weist auf die ausgedehnten Handelsverbindungen hin. Von Flandern ist dann wohl auch die Christianisierung Eiderstedts ausgegangen, denn einige Kirchen tragen die Namen flandrischer Heiliger.

St. Laurentius, Tönning

INFO

Kurzer Exkurs Kirchengeschichte
Kirchengeschichte war immer auch Machtpolitik; so hoffte der Erzbischof Adalbert (1043–1072) von Hamburg-Bremen, ein nordisches Patriachat zu errichten, um die Vormachtstellung Hamburgs zu festigen und auszubauen. Mit der Neuordnung der kirchlichen Organisation im Jahre 1103 jedoch wurde das Erzbistum Lund errichtet und dem Papst direkt unterstellt, das Bistum Schleswig gehörte nun dazu.
Innerhalb des Bistums Schleswig bildete Eiderstedt eine eigene Propstei.

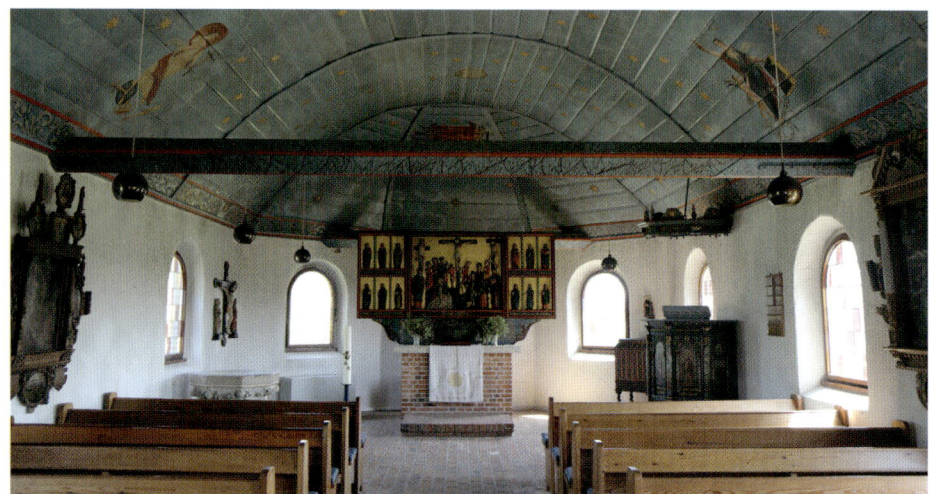

St. Nicolai in Ording

18 Steinkirchen, deren Gründung bis ins 12. Jahrhundert zurückgeht, verweisen auf Frömmigkeit in einem Land, in dem es kaum einen einzigen Naturstein gibt. Eine ungeheure Kulturleistung, die zeigt, dass hier ein wohlhabender Bauernstand lebte, der auch auf Unabhängigkeit bedacht war. Dies ist nicht zuletzt an der künstlerischen Ausstattung der Kirchen ablesbar. Auch wenn heute viele der Kirchen (meist sind sie von 10–18 Uhr geöffnet) wunderbare Taufbecken, geschnitzte Kanzeln, erhabene Triumpfkreuze und beeindruckende Altäre zeigen, müssen sie vor dem Dreißigjährigen Krieg (1618–1648) und dem Nordischen Krieg von 1700–1721 in noch schönerer Pracht den Glauben versinnbildlicht haben. Viele der Schätze sind in dieser Zeit durch Zerstörung, Plünderung und Bildersturm verloren gegangen.

Ursprünglich war die Halbinsel Eiderstedt in viele halligähnliche Inseln zerteilt, ein Land aus Strandwällen, Nehrungsstreifen und Marschflächen, oft überflutet und durch flussähnliche Stromläufe, Meerespriele, die Nordereider und den Süderhever zerteilt. Die Wege waren, insbesondere in der dunklen Jahreszeit kaum zu nutzen, weil sie unter Wasser standen. Nur langsam wuchs das Land zusammen. Zunächst bildeten sich die drei großen Inseln Utholm im Westen, Eiderstedt im Osten und Everschop in der Mitte, am Heverstrom gelegen. Mit dem Dreilandenkoog, der 1613 entstand, wuchsen die Inseln zusammen; der Name Eiderstedt setzte sich dann im 18. Jahrhundert durch.

UTHOLM

Die drei Hauptkirchen sind für Utholm 1103 in Tating, für Eversschop in Garding 1109 und für Eiderstedt etwa 1120 in Tönning. Alle übrigen Kirchen sind in wenigen Jahrzehnten danach entstanden, teils als selbstständige Pfarrkirchen oder als Filialkirchen. Vor der großen Sturmflut, der Marcellusflut von 1362, soll es noch weitere Pfarrkirchen gegeben haben. Die Kirchen blieben, erhöht auf Warften gebaut, immer ein Zufluchtsort bei schweren Sturmfluten und natürlich auch Seezeichen und Wegweiser, im wörtlichen wie im geistlichen Sinn.

Unmöglich, alle Kirchen zu beschreiben, aber wer sich auf den Weg macht und einige erkundet und sich Zeit für kleine Spezialitäten nimmt, kann sich auf eine erstaunliche Spurensuche begeben: z. B. romanische Reste in Garding, spätgotische Schnitzaltäre und Tafelmalerei in Tating, herrliche Triumphkreuze, Chorgestühl und Taufbecken, Orgelprospekte aus dem 16. Jahrhundert, aber auch Kultgerät aus dem Mittelalter gibt es zu entdecken, bemalte Decken und Gewölbe, freistehende Glockentürme und besondere Kanzeln, die Kunsthistoriker den »Eiderstedter Typ« nennen. Eine weitere Eigenheit bieten Eiderstedter Kirchen: Die Abendmalsbänke sind seitlich der Altarstufen aufgestellt.

Allerdings haben auch einige Kirchen schwerwiegende Überformungen im 19. und beginnenden 20. Jahrhundert erleiden müssen, die jedoch bei den Renovierungen und sorgfältigen Restaurierungen – gottlob, so weit es irgend ging – wieder rückgängig gemacht worden sind.

St. Christian in Garding

WER|WO|WAS

Künstler in den Kirchen

Marten van Achten
etwa 1540–1610; 1590–1592 war er Hofmaler bei dem Herzog von Gottorf, gilt als der entscheidende Vermittler von niederländischen Formen.

Jürgen Ovens
1623–1678, Schüler von Rembrandt, Hofmaler in Schleswig, malte hauptsächlich historische Szenen, Porträts von Gruppen.

TATING UND DER BAROCKE HOCHDORFER GARTEN

Die Dorfstraße in Tating mit ihren charakteristischen kleinen Giebelhäusern

Der »Deichgrafenhof«, ein ehemaliger Haubarg im Hochdorfer Garten

UTHOLM

Zwischen St. Peter-Ording und Garding liegt in der weiten Marschlandschaft der kleine Ort Tating. Schon weithin ist der Turm der ältesten Kirche Eiderstedts sichtbar; fährt man mit dem Fahrrad, führen von St. Peter-Ording kleine Straßen auf den Ort zu. Früher einmal der Hauptort der Harde Utholm, heute eher ein beschauliches, aber auch nicht langweiliges Dorf. Ein ehemaliger Hauberg, der »Deichgrafenhof« mit vielen Nebengebäuden und der einzige mit einem Innenhof, bietet nicht nur Ferienwohnungen und ein Café, hier gibt es auch einen Pub und einen Golfklub. Der ständig wehende Wind, der hohe Himmel und die Weite des Landes sind für viele naturverbundene Golfer ein ausgefallenes Erlebnis; Golfspielen auf Eiderstedt ist anders als anderswo.

Empfohlen von der Zeitschrift living at home

De Wohnstuv

WOHNEN UND WOHLFÜHLEN

Entdecken Sie in einem außergewöhnlichen Ambiente traumhafte Wohnaccessoires, ausgewählte Kleinmöbel sowie schöne Wäsche für ein gemütliches Zuhause. In Ergänzung zum Laden bieten wir in der »Alten Schmiede« in Tating Sonderausstellungen rund um schöne Dinge für Haus und Garten. Mehr unter:
www.dewohnstuv.de

ÖFFNUNGSZEITEN:
DI bis FR, 10 - 13 Uhr
und 15 - 19 Uhr,
SA, 10 - 16 Uhr;
im Winter geänderte
Öffnungszeiten

DE WOHNSTUV · Karras & Emde GbR
Dorfstraße 45 · 25881 Tating · Tel. 0 48 62 / 10 40 34
de.wohnstuv@t-online.de

UTHOLM 51

TIPP

Ehstensiel
Ein Besuch des kleinen Hafens im Süden, Ehstensiel, ist ein lohnendes Ausflugsziel. Siele sind komplexe Ingenieurbauwerke, die für die Entwässerung der hinter dem Deich liegenden Küstenflächen gebaut worden sind. Bei Flut sind sie geschlossen und verhindern das Eindringen des Salzwassers, und bei Ebbe werden sie geöffnet, sodass Wasser aus den meist tiefliegenden Kögen ablaufen kann. Sie sind an fast allen Außendeichen der Küste zu finden. Diese Wasserbautechnik ist schon seit dem 14. Jahrhundert bekannt.

St. Magnus in Tating

Sehenswert ist die St.-Magnus-Kirche, die älteste Kirche Eiderstedts, deren Ursprung auf das Jahr 1103 zurückgeht. Sie hat in den folgenden Jahrhunderten viele Veränderungen ertragen müssen. Die reiche Ausstattung entschädigt heute den Besucher. Die Kanzel aus dem Jahr 1540 mit ihren ikonografischen Gemälden, die auf dem Schalldeckel, der erst 1579 hinzugekommen ist, fortgesetzt werden. Wahrscheinlich ist es die älteste Kanzel des Kirchenkreises. Auch die Gemälde der Nordempore, gegenüber der Kanzel mit Szenen aus dem Alten und Neuen Testament, sowie der dreiflügelige Altar verdienen besondere Aufmerksamkeit: Nicht nur dass Christus von einem Heuwagen gen Himmel fährt, in der Szene Jona und der Wal prangt eine schleswig-holsteinische Fahne. Die Gemälde mit Szenen zur Passionsgeschichte auf den Außenseiten des Altars sind seltene Beispiele der spätgotischen Malerei.

Aus dem 15. Jahrhundert stammt auch das Triumphkreuz, das von seinem historischen Ort im Chorbogen 1921 entfernt wurde, um es in die Ehrung der Gefallenen des 1. Weltkriegs einzubeziehen.

Neben der Kirche liegt der stattliche, 200 Jahre alte Pastoratshaubarg, in dem aktive Gemeindearbeit praktiziert wird.

Der Hochdorfer Garten

Von der Kirche in die Welt der Gärten: Wenn im Frühjahr etwa 17 verschiedene Apfelsorten erblühen, ist es schon eine Freude, durch den Hochdorfer Garten zu spazieren, der neben dem Husumer Schlossgarten und dem Künstlergarten von Ada und Emil Nolde in Seebüll als das bedeutendste Gartendenkmal der barocken bäuerlichen Gartenkultur in Schleswig-Holstein gilt. Der Garten entstand ab 1764 auf einer Fläche von ca. fünf Hektar; gleichzeitig wurde ein neuer, stattlicher Haubarg errichtet. Die 120 Meter lange, vierreihige Lindenallee, die auf das Wohnhaus zuführt, ist heute noch zu bewundern.

1873 bauten sich die Besitzer das »Schweizerhaus« als Sommerhaus in den Park und begannen, exotische Gehölze anzupflanzen. Auch Eiderstedt blieb von den Moden der damaligen Zeit nicht verschont: Etwa um 1900 ließen sie dann eine künstliche Ruine errichten, ganz der Zeit geschuldet. Als Vorbild diente die Burgruine Oybin, die Caspar David Friedrich auf verschiedenen Gemälden in romantischen Farben gemalt hatte.

Der Haubarg, das Schweizerhaus und die Gartenanlage mit ihren Brücken stehen heute unter Denkmalschutz; der Haubarg ist in Privatbesitz, der Garten gehört der Gemeinde, er ist öffentlich zugänglich. Nach einem Spaziergang durch die idyllischen Anlagen lohnt sich auf jeden Fall ein Besuch im Galerie-Café »Schweizerhaus«, um sich bei Kaffee und Kuchen zu stärken für weitere Entdeckungen.

EVERSCHOP:
GARDING, WELT, OSTERHEVER, POPPENBÜLL

Garding, ein lebendiges Zentrum

Garding bietet über 400 Jahre Geschichte, und die kann auf vielfältige Weise entdeckt werden: ganz traditionell durch Stadtführungen, mit dem Audio Guide aus dem Touristenbüro oder mit der iPhone-App von der Homepage (www.garding.de). Wer das alles aber nicht möchte, kann auf eigene Faust durch die Stadt ziehen und sich an 23 historischen Orten von den Stadterzählschildern darstellen lassen, was und welche Geschichte oder Geschichten mit den jeweiligen Orten verbunden sind.

Auf dem Markt von Garding steht die Büste vom großen Sohn der Stadt: Theodor Mommsen.

EVERSCHOP

Das Schild am »Rektorhaus«, Markt, Ecke Fischerstraße erzählt davon, warum Garding schon 1592 eine privat finanzierte Lateinschule hatte und wie sich das Schulwesen in der Stadt entwickelte. Auch die Geschichte des alten Rathauses, früher Stallerhaus, heute ein wichtiger Ort für die Kunst auf Eiderstedt, wird erzählt, und zugleich erfahren wir, was ein Staller war und welche Aufgaben er hatte. Es gibt viel zu entdecken in der Stadt, die seit 1590 das Stadtrecht hat und der im 17. Jahrhundert der Ruf vorauseilte, sie besitze mehr Gold und Silber als Eisen. Hier in Garding wurde sogar 1817 der erste deutsche Nobelpreisträger für Literatur geboren: Theodor Mommsen, im Alten Diakonat, dem ältesten Haus der Stadt (Am Markt 9), als Sohn des Diakon Jens Mommsen; im Anbau ist ein Mommsen-Gedächtnis-Raum eingerichtet mit Informationen, Fotos, Urkunden und einem Info-Computer.

Die typischen Eiderstedter Trachten: eine verheiratete und eine unverheiratete Frau

Die schöne Mühle Emanuel ist heute im Privatbesitz und dient als uriges Wohnhaus.

Die Kirche, geweiht den Heiligen St. Maria-Magdalena, St. Christian und St. Bartholomäus

Die erste Holzkapelle wurde in Garding schon 1109 errichtet, allerdings hat die Überschwemmung von 1117 sie weggespült. Die historischen Quellen berichten, dass mit der Zerstörung der Kirche eine Strafe Gottes erfolgt sei, weil die Menschen den damaligen Priester Hermann Lütke in der Kapelle umgebracht hatten. Die Quellen verschweigen leider den Grund für den Mord. So entstand auf der höchsten Erhebung von Eiderstedt 1117 eine einschiffige, kreuzförmige Backsteinkirche, die immer wieder verändert worden ist. Für Liebhaber der Kirchenarchitektur: Das Besondere dieser Kirche ist einerseits, dass sie zwischen 1483 und 1488 zu einer zweischiffigen gotischen Hallenkirche umgebaut wurde; in ganz Schleswig-Holstein gibt es nur noch eine weitere zweischiffige gotische Hallenkirche bei Lübeck. Und andererseits ist St. Christian die einzige Kirche der Halbinsel Eiderstedt, die ganz eingewölbt ist; die meisten Eiderstedter Kirchen sind nur über dem Altarraum eingewölbt. Bis 1843 umgab die Kirche St. Maria-Magdalena, St. Christian und St. Bartholomäus noch der alte Kirchhof, so wie bei fast allen Kirchen der Halbinsel. 1863 kaufte die Stadt das Grundstück, der Kirchhof wurde abgetragen und das Gelände um die Kirche gepflastert und seit dieser Zeit als Marktplatz genutzt.

Auch im Innern der Kirche gibt es Besonderes zu entdecken: die Orgel aus dem Jahr 1512, eine der ältesten aus der gotischen Zeit im Original erhaltenen Orgeln überhaupt; die erste charakteristische Kanzel von 1563 mit ihren alt- und neutestamentarischen Reliefs. Hier ist die Kanzel des Eiderstedter Typs entstanden. Nur der Kanzeldeckel wurde im 17. Jahrhundert verändert und mit barocken Schnitzereien geschmückt; bei Restaurierungsarbeiten 1980 konnte ein Lutherporträt freigelegt werden, das »ungelenk, aber mit Hingabe« – wie ein Kirchenhistoriker schreibt – wahrscheinlich von einem Gardinger Maler stammt. Die Altargemälde dagegen darf man als das Hauptwerk von Marten van Achten, einem niederländischen Meister, bezeichnen. Auf der Rückseite ist das Sakrament der heiligen Taufe, auf der Vorderseite das Sakrament des Abendmahls dargestellt. Auch bei diesen Darstellungen gibt es wieder einen entscheidenden Unterschied zu den anderen Altären in Eiderstedt, die die Kreuzigung Jesu zum Hauptthema gewählt haben. Das Giebelfeld trägt die Signatur des Künstlers und zeigt die Auferstehung Jesu; gerahmt von vier Figuren,

EVERSCHOP

die die Tugenden darstellen: die Tapferkeit mit dem Schwert, die Demut mit Kreuz, die Hoffnung mit den gefalteten Händen und den Glauben mit dem Kelch.

Auch die wunderbar geschnitzten Kniebänke zum Empfang des Abendmals und die Bilder und Epitaphe oder die Darstellung der Eitelkeit – zwei sitzende Frauen mit der Schlange und dem Spiegel sind wahre Schmuckstücke dieses Gotteshauses.

In der Gardinger Kirche befand sich auch das älteste erhaltene Uhrwerk Schleswig-Holsteins von 1512 (heute im Museum Landschaft Eiderstedt in St. Peter-Ording); in früheren Jahrhunderten schlug das Uhrschlagmännchen zur vollen Stunde die Zeile aus dem Nachtwächterlied: Mensch, bedenk die Ewigkeit, um zu verkünden, dass alle Zeit von Gott gegeben ist.

Im Juli und August am frühen Dienstagvormittag ist in Garding kaum zu ahnen, was zwischen 16.30 und 17 Uhr hier los sein wird. Die Marktstände gruppieren sich eher beschaulich um die Kirche St. Christian, und die Gardinger wie auch die Gäste kaufen bei den Obst- und Gemüseproduzenten, beim Käse- und Fleischstand aus der Region ihre Lebensmittel für den Tag oder die Woche ein. Hier kennt man sich, begrüßt sich mit Namen und schnackt über die Neuigkeiten aus Stadt und

St. Christian am Marktplatz in Garding

Land. Kaum sind gegen Mittag die Marktstände verschwunden, rollen Lieferwagen und Traktoren mit Hängern an und viele fleißige Hände bauen auf: Tische, Bänke, Getränkestände, Imbisswagen und – das Wichtigste – Bühnenwagen und die Technik für die Musik werden professionell eingerichtet. Um 19 Uhr beginnt die Musikantenbörse. Gleichzeitig auf vier Bühnen treten unterschiedliche, bekannte und weniger bekannte Bands auf, von ruhigem Gesang, begleitet von Gitarren, über Jazz, Hardrock bis Rap ist für (fast) jeden Geschmack etwas dabei. Die Gardinger und die aus ganz Eiderstedt angereisten Gäste flanieren von Bühne zu Bühne, hören zu, sie trinken versonnen ein Bier oder Wein, stehen oder sitzen auf den Bänken – wenn denn Platz ist –, Kinder tanzen vor den Bühnen und genießen den Abend.

EVERSCHOP

Rainer Martens ist der »singende Kröger« von Lütt Matten.

WER | WO | WAS

Der Verein »Musik für Garding e. V.« fördert die Livemusik in Garding und organisiert die Musikantenbörse; die Musiker spielen ohne Gage, der Eintritt ist frei; sie spielen für die Hut-Gage.
8-mal dienstags im Juli und August. www.musik-fuer-garding.de
Livemusik in Lütt Matten immer samstags, www.luettmatten-garding.de
Klaus Groth, einer der bekanntesten niederdeutschen Lyriker und Schriftsteller (1819–1899),
hat die reizende Allegorie auf Leichtlebigkeit, Ausgelassenheit und Leichtsinn,
»Lütt Matten de Has«, geschrieben, daher der Name der Musikkneipe; so beginnt das Gedicht:
    Keem Reinke de Voss
    un dach: dat´s een Kost!
    Un seggt: Lüttje Matten,
    so flink op de Padden?
    Un danzst hier alleen
    op dien achterste Been?
Im Lütt Matten gibt es auch ein stilles Hinterzimmer, mit einer Leih- und Tauschbibliothek
für die stillen, dunklen und nassen Tage …

EVERSCHOP

Im historischen Zentrum von Garding befindet sich das charmante »Bed & Breakfast Eiderstedt« in einem fast 200 Jahre alten, stilvoll renovierten Reetdachhaus. Ein schöner, ruhiger Ausgangspunkt zu den Stränden oder für Radwanderungen. Ein außergewöhnliches Feriendomizil.

✹ ✹ ✹ ✹

an der Nordsee

Renate Götze, 25836 Garding, Tel. 0 48 62 / 20 10 40, www.bb-nordsee.de

Genießen Sie die Ruhe und den Charme eines stilvoll renovierten Friesenhauses aus dem 19. Jahrhundert.

Morgens servieren wir Ihnen ein umfangreiches Frühstück, zu dem selbstverständlich frisch gepresste Säfte, hausgemachte Marmeladen, Tartes, Kuchen und vieles mehr gehört.

Katharinenheerd

»Et gah uns wol up unse olen dage!«, mit diesem Trinkspruch soll die junge Wirtstochter Martje Flohrs während der Belagerung im Nordischen Krieg (1700–1721) die trunkenen Offiziere beschämt haben, die sie zum Anstoßen aufforderten. Ein Steinrelief in der Ostmauer der Kirche von Katharinenheerd erinnert an das Mädchen. Die kleine Kirche St. Katharina ist eher bescheiden, aber doch anheimelnd mit ihrem Dachreiter und dem hölzernen Glockenturm; bestechend ist die mächtige Kanzel im Stil der Hochrenaissance. St. Katharina ist die einzige Kirche, die innen eine Uhr zeigt; vor dem beredten Spruch auf dem Zifferblatt lohnt es einen Augenblick zu verweilen: »De todt ist gewis, ungewiß der tach, Die Stund auch niemant wisse mach, Darumb fürcht Gott, gedenck dabei, Das jede Stund die letzt sei?« Vierzehn ikonografisch spannende Bilder spätbarocker Bauernmalerei schmücken die Empore mit ungewöhnlichen Interpretationen von überwiegend Psalmen – die Chronik der Gemeinde Katharinenheerd von 1999 spricht von einem »ideenreichen Zyklus«. Jetzt sind die Bibelfesten gefragt!

In Katharinenheerd gab es früher viele stattliche Haubarge. Von besonderer Bedeutung ist der Oluf-Hof, er liegt an der Straße nach Tetenbüll. Auffallend sind die Türmalereien. Ein kleiner und großer Drescher sind zu sehen; sie sollen solange um die Wette gedroschen haben, bis einer tot umfiel. Natürlich der große, denn der kleine – wie könnte es anders sein – soll der Teufel gewesen sein.

Der Haubarg Oluf-Hof mit den ausgefallenen Türmalereien

KUNST UND KULTUR AUF EIDERSTEDT

Schon in den 1960er Jahren ließen sich auf Eiderstedt einige Künstler nieder, so z. B. der Maler, Zeichner und Grafiker Otto Beckmann (1945), der in Garding die Mühle Emanuel erwarb und nicht nur sein Atelier dort unterhielt, sondern auch einen Künstlertreff aus der Mühle machte. Gemeinsam mit dem Schriftsteller Uwe Herms, Hein Hoop (1927–1986) und anderen Künstlern veranstalteten sie in den 70er Jahren den Kultursommer mit Lesungen, auf denen auch Siegfried Lenz oder Walter Kempowki ihre Werke zum Besten gaben.

Hein Hoop, einer der bekanntesten Aktionskünstler, Lyriker und Satiriker Schleswig-Holsteins, hat viele Jahre am Katinger Watt gelebt. Kritiker nannten ihn einen »unerbittlichen Individualisten«. Seine Aktionen im Wattenmeer stießen damals auf Unverständnis. »So manches Projekt löste bei der Bevölkerung nur Kopfschütteln aus«, erinnerte sich der ehemalige Kreispräsident Albert Pahl in seinem Grußwort zur Ausstellung im Alten Rathaus in Garding anlässlich des 25. Todestages. Der unkonventionelle Künstler war auch als Bildhauer, Maler, Grafiker, Dichter, Liedermacher, Aktionskünstler und Autor – zum Beispiel für die Münchner Lach- und Schießgesellschaft und bei »Pardon« – tätig.

Viele Künstler, die sich nach Eiderstedt aufmachten, treffen auf eine alte und entwickelte Kultur. So wurde dann 1989 der »Förderverein für Kunst und Kultur Eiderstedt e. V.« von Künstlern und kunstinteressierten Bürgern gegründet, mit Sitz in Garding. Konzerte, Lesungen, Vorträge, Führungen und Vernissagen standen auf dem Programm, aber auch Workshops für Kunstinteressierte. 2006, nicht ohne die Hartnäckigkeit des damaligen Vorstandes, fand der Verein im Alten Rathaus einen festen Ort; zusammen mit dem Eiderstedter Heimatbund, der Heimatkundlichen Arbeitsgemeinschaft der Stadt Garding und dem Offenen Kanal Westküste entwickelte sich hier ein Kulturzentrum für Garding – es ist nicht die lange Jahre erhoffte »große Lösung«, aber doch ein Erfolgsmodell.

Unter dem Dach des »Fördervereins für Kunst und Kultur Eiderstedt« schlossen sich unterschiedliche Künstlerinnen und Künstler zu der Gruppe »KunstKlima« zusammen. Im Alten Rathaus, im Eingangsbereich sind immer kleinformatige Werke der etwa 50 KunstKlima-Künstler zu besichtigen sowie Kunstdrucke, Bücher und Postkarten, die natürlich auch gekauft werden können. Malerei, Grafik, Skulptur, Fotografie, Literatur, Objekte, Buchkunst, Weberei und Keramik – die Eiderstedter Kunstszene ist vielfältig, kreativ, individuell, sie lässt sich stilistisch nicht in eine Schublade stecken.

Zweimal im Jahr – im Frühjahr und im Herbst – öffnen die Eidersteder Künstlerinnen und Künstler der Gruppe KunstKlima am Tag des offenen Ateliers ihre Türen, und die Gäste können in entspannter Atmosphäre zuschauen, wie Kunst entsteht, einen anregenden Einblick in die Arbeit bekommen und die Kulturschaffenden zu ihren Werken befragen.

Fünf- bis sechsmal im Jahr präsentieren Künstlerinnen und Künstler von KunstKlima in Einzel- oder Gruppenausstellungen ihre Werke in sehenswerten Ausstellungen. Die Vernissagen sind immer ein gesellschaftliches Event, bei dem natürlich die Künstlerinnen oder Künstler anwesend sind und eine vertiefende Einführung in Leben und Werk der Künstler gegeben wird.

Foto: Werner Hajek

Anregende Gespräche bei kulturellen Veranstaltungen im Alten Rathaus in Garding

EVERSCHOP

Selbstverständlich kommt auch der Nachwuchs nicht zu kurz: »Kunst und Kultur für Kids« (KuKi) – in der Werkstatt werden Kinder von Künstlern angeleitet, ihre eigenen Werke zu kreieren, die dann auch ausgestellt werden. www.kunstklima.com

Die Strandkorbhalle in St. Peter-Ording: Im Winter werden hier die Strandkörbe aufgearbeitet und eingelagert – im Sommer steht sie leer und verwaist. Da kam die Kunstinitiative St. Peter-Ording auf die Idee, sie als Ausstellungsraum für Kunst zu nutzen. Im Sommer 2014 z. B. präsentierte sie dort unter dem Motto »Das Meer hinter dem Horizont« unterschiedliche Künstlerinnen und Künstler in einer an- und aufregenden Ausstellung. www.kunstinspo.de

Der Verein Eiderstedter Kultursaison e. V. organisiert nicht nur Konzerte, Lesungen, Kunstereignisse an unterschiedlichen Orten und besonderen Locations oder lädt zu kulinarischen Spezialitäten der Eiderstedter Cousine ein, er gibt jährlich aktualisiert den »Kulturreiseführer Eiderstedt« heraus. Hier werden nicht nur geführte Kulturtouren mit Atelierbesuchen angeboten, sondern auf jeweils einer Seite stellen die Autoren die Kulturziele vor, Landschaftsformen, Galerien, Bauernhäuser, Kirchen, Ateliers, Kunsthandwerker und vieles mehr, sodass jeder auch auf eigene Faust seine Entdeckungstouren organisieren kann – am besten mit dem Fahrrad.

> **TIPP**
>
> Im praktischen Taschenformat finden sich Orientierungskarten, Fahrradverleiher, dörfliche Gastronomie zur Einkehr, WCs unterwegs.
> Der Reiseführer kostet im Versand 7,00 Euro inklusive Versand und Verpackung (Bezahlung auf Rechnung), vor Ort an den Verkaufsstellen 5,00 Euro. Bestellmails mit Versandadresse an: bestellung@eiderstedter-kultursaison.de
> www.eiderstedter-kultursaison.de

Galerie Dreyer ı Westerdeich 1 ı 25836 Vollerwiek
Fon 04862.10 30 40 ı Fax 04862.10 30 89
meerkunst@aol.com ı www.galerie-meerkunst.de

Öffnungszeiten:
Ganzjährig täglich nach telefonischer Vereinbarung, sowie Juli und August Di-Sa 16-18 Uhr

WELT UND VOLLERWIEK –
NATUR, KUNST UND BADEFREUDEN

Weite Landschaft durchzogen von Gräben, hoher Himmel und im Hintergrund immer ein Kirchturm – Eiderstedt

Lahnungen im Watt, eine Uferschutzanlage

EVERSCHOP

Von Katingsiel ist es nicht weit nach Welt. Die Landschaft ist durchzogen von einem Kanalsystem, das die ganze Halbinsel verband, weil die Wege und Straßen damals aus tonigem Kleiboden bestanden und lange Zeit im Jahr nicht benutzbar waren. Die Ortschaft Welt ist auf zwei Warften errichtet, von denen die südliche die größte Warft der Halbinsel mit etwa neun Hektar ist, zusammen mit der zweiten Dorfwarft, auf der sich die Kirche St. Michael erhebt. Aus der Größe schließen Archäologen, dass Welt im Mittelalter ein zentraler Ort für die Erschließung des Umlandes gewesen sein muss. Welt ist auch an den Kanal der Süderbootfahrt angeschlossen. Noch bis in die 70er Jahre des vorigen Jahrhunderts bildeten die Kirche, das Pastorat, die Schule, Post, Meierei, Gemischtwarenladen und Kirchspielkrug den Mittelpunkt der Gemeinde. Der Kirchspielkrug und die Kirche sind geblieben. Bei einem Spaziergang durch Welt finden sich an verschiedenen Gebäuden und Orten wieder Erzählschilder, die über die besondere Geschichte berichten. Inzwischen gibt es auch wieder einen Hofladen: Der Biobauer der ersten Stunde, Johann Pauls, bietet hier seine Produkte an, als Spezialität: Lammbratwürstchen, Rinderschinken und Käsewürstchen.

St. Michael ist die etwas andere Kirche, die baulich seit 1113 bezeugt ist. Im 16. Jahrhundert hat sie ihre heutige Form erhalten, wobei der Turm erst 1898 das hölzerne Glockenhaus ersetzte.

Hier wurde über viele Jahre kein Gottesdienst mehr abgehalten, dennoch ist der Raum für Begegnungen geblieben. Das Kirchengestühl ist entfernt, aber die schlichten Insignien, die den Kirchenraum ausmachen, stehen unverändert an ihrem Platz: Altar, Kanzel, Taufbecken und Orgel. Der Altar ist im 16. Jahrhundert von den Künstlern gestaltet, die sich zu der Zeit um den Renaissancemaler Marten van Achten gesammelt hatten. Das mittlere Altarbild, das Abendmahl, kann hier symbolisch für den »Raum für Begegnungen« gedeutet werden. Dass der große, barocke Beichtstuhl erhalten blieb, ist für eine protestantische Kirche schon eine Besonderheit; vielleicht nicht für Eiderstedt, denn hier soll die persönliche Beichte erst im 19. Jahrhundert nicht mehr abgenommen worden sein.

Die »Sommerkirche Welt« lädt in den Monaten Juli und August zu Lesungen, Andachten, Ausstellungen, Vorträgen, Gesprächen oder Konzerten und bleibt damit ein beliebter Treffpunkt für Gäste und Einheimische.

www.gemeinde-welt.de/sommerkirche/

VOLLERWIEK

Die Anfänge von St. Martin reichen zurück bis 1113. Aus der romanischen Zeit sind noch deutliche Spuren am Nordportal und an den Fenstern zu erkennen. Der Zeit der Renaissance verdanken wir die Kanzel als interessante Variante des Eiderstedter Typs. Ein hervorragendes Beispiel gotischer Kunst stellt der Schnitzaltar mit seinen 26 Figuren dar. Ein Kirchenhistoriker berichtet, dass der figurenreichste Altar in Witzwort zu finden sei. Beachtenswert sind auch die Malereien der West- und Nordempore. Im Stil des niederländischen Romanismus um 1600, als sich die niederländischen Künstler stark an italienischen Künstlern orientierten: Die ausdrucksstarken Malereien zeigen die Erschaffung Evas, den Sündenfall, die Verkündigung, Geburt und Taufe Jesu – man sollte verweilen, schauen und den Detailreichtum dieser Kunst genießen.

Gleich gegenüber der Kirche liegt der 1995 aufwendig und umsichtig restaurierte Haubarg Peerboos von 1849; er kann auch besichtigt werden. Schon von außen besticht der prächtige Bau durch die Harmonie von Reetdach, Gauben, Giebeln und Klinker. Viele Teile sind noch im Original erhalten; in der Boos und der Peerboos sind jetzt allergenarme Ferienwohnungen eingerichtet. Geöffnet ist der Haubarg für die Besichtigung von April bis Oktober.

EVERSCHOP

Eine Töpferei und drei Galerien bereichern nicht nur das Dorfleben, sie sind auch attraktiv für die Besucher.

Im Sommer, wenn die Himbeeren reif sind und Hochkonjunktur zwischen Sträuchern, Café und der Backstube herrscht, lohnt auch ein Besuch auf dem Himbeerhof Jürgens in Vollerwiek, zu Kaffee und Himbeertorte. Der Bauer, der viel lieber auf dem Surfbrett steht und auch eher nach Strand als nach Landwirtschaft aussieht – Tobias Jürgens serviert selbst.

> **INFO**
>
> Die Eiderstedter Chronik aus dem Jahr 1461 weiß über Vollerwiek Schauriges zu berichten: Am 30. Juni wurde der Staller Jon Jonsson auf dem Marktplatz in Garding ermordet. Die Mörder suchten auf ihrer Flucht Unterschlupf in der kleinen Vollerwieker Kirche, die bei der Belagerung fast ein Raub der Flammen geworden wäre. Die Mörder wurden gestellt und verurteilt.

Jetzt geht's an den »grünen Strand«: Vollerwiek gilt als Gardings Badestrand und liegt am Außendeich. Hinter dem grünen Deich laden die Strandkörbe zum Entspannen und Sonnen ein, und man kann bis zum Eidersperrwerk schauen. Der Strand ist bewacht, Süßwasserduschen und ein kleines Restaurant sorgen für den nötigen Komfort; für die Kleinen gibt's eine Sandkiste – weil man ja nicht am »richtigen« Strand ist – und einen Spielplatz. Ach ja, manchmal führen die Treppen nicht ins Wasser, sondern ins Watt … dann werden hier Wattwanderungen angeboten.

Poppenbüll – Osterhever

Im Internet, in vielen offiziellen Publikationen und Reiseführern findet sich die Jahreszahl 987 für die Befestigung des St. Johanneskooges, auf dem die Kirche St. Johannis auf einer Warft liegt. Dieses im 17. Jahrhundert erdichtete Datum ist, wie Forschungen ergeben haben, falsch. Zwar gehört der Deich zu den ältesten der Landschaft, aber die Landgewinnung beginnt frühestens im späten 11. Jahrhundert. Der Deich, der die Warft umgab, stammt aus dem 12. Jahrhundert und war ursprünglich 1,20 Meter hoch. Dennoch gebührt dem St. Johanneskoog mit Westerhever, Osterhever, Eiderstedt und dem Gardinger Kirchenkoog das Privileg, dass hier die Landnahme begann – für die Besiedlungs- und Deichbaugeschichte ist der Johanniskoog eines der wichtigsten Beispiele. Wer also ganz genau wissen will, wie sich die Dreilande zusammengefügt haben, der fängt an besten hier an zu forschen. Die Umgebung hat mit ihren Warften Helmfleet, Hunsdorf und Helmhof sowie mit den Tauteichen, einer besonderen Art der Süßwassergewinnung, viel zu bieten. Bei Helmfleet ist ein Tauteich zu besichtigen – ein Schild erläutert die Funktion.

St. Johannis in Poppenbüll mit der prächtigen, typischen Eiderstedter Kanzel und dem Triumphkreuz

EVERSCHOP

Auf dem Dorfplatz von Poppenbüll ist ein »Vierrutenbarg« errichtet, bei Dorffesten ein Unterstand. Bei dieser Konstruktion, einem Vorläufer des Haubargs, wird das quadratische Reetdach auch von vier Ständern getragen. Unter dem Dach wurde das Heu für den Winter gelagert, und das Dach konnte je nach Menge und Höhe des eingelagerten Heus mit Seilzügen verstellt werden.

Das Alte Pastorat in Poppenbüll – heute in Privatbesitz und leider nicht zu besichtigen

In Poppenbüll (Johanniskoog 8) steht das Wohnhaus des Architekten Georg Rieve (1888–1966; siehe Museum in Husum), das er sich 1925 gebaut hat. Der stark durch den Expressionismus geprägte Bau ist in der Eiderstedter Landschaft mit ihrer bäuerlichen Kultur schon eine Rarität.

Schon 1113 wurde die Kirche St. Johannis in Poppenbüll von Garding aus gegründet, aber zu Beginn des 17. Jahrhunderts teilweise erneuert. Die opulente Innenausstattung, die typische Eiderstedter Kanzel, der Altar aus der Schule von Marten van Achten und das einzigartige bronzene Taufbecken von 1590, die Abendmahlsbänke, das Triumphkreuz oder der Beichtstuhl zeigen den Reichtum, den die bäuerliche Gemeinschaft zu jener Zeit aufbrachte. Interessant ist auch, dass der Altar im Aufbau exakt dem in Welt gleicht.

Gleich neben St. Johannis steht das Alte Pastorat – aufwendig und originalgetreu restauriert, nachdem es 2005 bis auf die Grundmauern niedergebrannt war. Die Kirche hat es verkauft; der letzte amtierende Pastor verließ Poppenbüll allerdings schon 1931. Die Pfarrstellen Westerhever, Osterhever und Poppenbüll wurden danach zusammengefasst.

Nach Osterhever ist es nur ein kurzer Weg in Richtung Norden, und wer etwas abseits der Landstraße den Weg über Blaureihe nimmt, fährt durch das Grünland des Landschafts- und Vogelschutzgebiets Poppenbüll, hier rasten und brüten unterschiedliche Vögel, manche überwintern auch.

OSTERHEVER

St. Martin in Osterhever mit ihrem massiven Dachreiter

Deichpflege, -erhaltung und -bewachung waren immer schon Gemeinschaftsaufgaben, die zu den Pflichten der besitzenden Einwohner gehörten; die plattdeutsche Formel ist einfach und klar: »Keen nich will dieken, de mutt wieken« (Wer nicht will deichen, der muss weichen.)

In Mitten des Friedhofs auf einer Warft steht die kleine spätromanische Dorfkirche, deren klassischer Grundriss sich nicht von vielen anderen Kirchen in Eiderstedt unterscheidet: einschiffig, mit einem Chor und einer halbrunden Apsis, in der der Altar seinen Platz findet. Der Innenraum der Kirche St. Martin ist eher einfach und klar, so kommen das gotische Triumphkreuz, der geschnitzte Altar um 1520 und das Taufbecken mit dem darüber schwebenden Engel hervorragend zur Geltung. Hervorzuheben ist der gemauerte Altarblock von 1753 mit den seitlichen Abendmahlsbänken. Das rechte Altarbild zeigt »Christus auf der Rast«, ein Motiv, das auf keinem Eiderstedter Altar wiederkehrt. Erst 1908 erhielt die Kirche einen Glockenturm in Form eines etwas überdimensionierten Dachreiters, um eine der größten Glocken Eiderstedts aufzunehmen. Der hölzerne Glockenstuhl musste abgerissen werden.

INFO

1436 beschädigte die Allerheiligenflut den Seedeich von Osterhever sehr stark, und weil die südlich liegenden Kirchspiele Tetenbüll, Katharinenheerd, Poppenbüll und Garding auch vom Schutz des Deiches profitierten, sollten sie sich an dem Wiederaufbau beteiligen. Nachdem die Kirchspiele abgelehnt hatten – wenn Osterhever seine Deiche nicht schützen kann, müssten sie eben aufgegeben werden – kam es zu einem blutigen Streit, bei dem 36 Männer ums Leben kamen. Erst durch den Befehl der Landesherrschaft konnte der Streit beigelegt werden: Die Kirchspiele mussten sich mit Hand und Geld am Deichbau beteiligen.

Hinter Deichen versteckt findet sich in Osterhever manch kulinarisches Kleinod …

EVERSCHOP

WARMHÖRN UND TETENBÜLL – EIN SCHULMUSEUM, EIN KAUFMANNSLADEN UND EIDERSTEDTER SPEZIALITÄTEN

Zwischen Osterhever und Oldenswort liegt der kleine Ort Warmhörn, der zur Gemeinde Tetenbüll gehört. Hier gibt es die einzige Einraumschule in Nordfriesland, die besichtigt werden kann. 1874 wurde die Alte Schule als massiver Backsteinbau im englischen Stil errichtet; noch heute liegt auf dem Dach der original englische Schiefer. Das ungewöhnliche Museum zeigt eine ausgefallene Sammlung an Schulmaterialien im Klassenraum, der im Zustand von 1947 erhalten ist. Im Klassenraum gibt es ein Museumscafé, und im Sommer ist der Garten mit seiner Taglilliensammlung, wahrscheinlich der umfangreichsten in ganz Nordfriesland, geöffnet. Dieses Blütenmeer ist alleine schon einen Besuch wert. In der Galeriescheune finden ab Mai bis in den Oktober hinein wechselnde Ausstellungen statt.

www.alteschulewarmhoern.de

Auch wenn Warmhörn nur ein kleiner Ort ist, lohnt sich doch ein Streifzug durch die »Reiche Reihe« – nomen est omen. Die Straße heißt so, weil hier einige der

vermögenden Bauern ihre Domizile in einer Reihe – wie auf einer Perlenschnur aufgezogen – erbaut haben. Leider sind diese sehr schönen Haubarge nur von außen zu besichtigen.

Von Warmhörn nach Tetenbüll ist es mit dem Fahrrad nur ein kurzer Weg durch ein wunderschönes Stück Natur vorbei an den Rast- und auch Brutstätten von vielen verschiedenen Vogelarten.

Haus Peters, ein Kolonialwarenladen aus dem Jahre 1820 in Tetenbüll

Foto: Haus Peters

In Zentrum von Tetenbüll befindet sich das Haus Peters, ein ehemaliger Kolonialwarenladen aus dem Jahre 1820: Hier wird anschaulich gezeigt, wie die Versorgung auf dem Lande damals erfolgte. Liebevoll restauriert und mit handwerklichen Produkten ausgestattet, vermittelt das Baudenkmal der Familie Peters, wie sich das dörfliche

HAUS PETERS

* Historischer Kaufmannsladen von 1820
* Wohnhaus um 1756
* Horst Janssen-Zimmer
* Sonderausstellungen zu Kunst u. Kultur
* Ladenverkauf: Nostalgisches, Regionales, Kolonialwaren

http://www.hauspeters.info

Dörpstraat 16
25882 Tetenbüll
Tel.: 04862/681

EVERSCHOP

Einkaufen wie im vorvorigen Jahrhundert: der Kolonialwarenladen Peters

Leben in den zurückliegenden Jahrhunderten abgespielt hat. Nicht nur der Laden mit der Originalausstattung ist erhalten, den die Familie von 1800 bis 1923 betrieb, sondern auch die Küche und die Stuben sind zu sehen, liebevoll mit den Gerätschaften und dem Mobiliar der früheren Eigentümer ausgestattet. Modern dagegen ist die Galerie des Hauses, in der neben dem »Horst-Janssen-Zimmer« auch wechselnde Ausstellungen zur Gegenwartskunst präsentiert werden; dies macht das Haus Peters zu einem wunderbaren Zentrum der Regionalkultur.

Gleich gegenüber, vorbei am Kirchspielkrug steht die Kirche St. Anna. Ursprünglich 1113 als Kapelle errichtet, stammt dieser Bau aus dem 14. Jahrhundert. Im Innern befindet sich ein erstaunlicher Bilderbogen der Heiligen Schrift: An der Decke erscheint das Neue Testament; an der Nordempore wird in dreißig Szenen das Alte Testament erzählt. »Biblia pauperum« – die »Bibel der Armen« wurden solche Illustrationen genannt, weil das Volk damals weder lesen noch schreiben konnte. Wer dann nach dem ausführlichen Studium der biblischen Bildgeschichte noch einen Blick für die Triumphkreuzgruppe hat, erkennt in dem kunstvoll geschnitzten Akanthusschleier die verschiedenen Marterwerkzeuge, die das spätgotische Kreuz umgeben.

Beim Besuch im Kirchspielkrug erzählt der Wirt den Gästen gerne bei regionalen Speisen und einem kräftigen Bier Geschichten aus der Region, über Ringreiten, Boßeln oder Biikebrennen.

Für den Heimweg bietet sich an, die Schafkäserei von Monika und Redlef Volquardsen zu besuchen; sie haben den ehemaligen Bioland-Rindermastbetrieb der Eltern zu einem Milchschafhof mit Hofkäserei und Direktvermarktung entwickelt. Bei den Führungen kommt man nicht nur mit den Schafen in direkten Kontakt, denn es geht auch auf die Weide, sondern in der Käserei und in dem alten Gewölbekeller, in dem der Käse reift, kann man den Duft des Handwerks sogar atmen.

EIDERSTEDT:
TÖNNING, OLDENSWORT, WITZWORT

Tönning – einst das Tor zur Welt

Wer nicht seinen Weg über das Eidersperrwerk nach Eiderstedt sucht, sondern über die Klappbrücke der Eider von 1973 die Bundesstraße 5 nutzt, um dann weiter nach St. Peter-Ording zu fahren, streift Tönning am nordöstlichen Stadtrand. Auf jeden Fall lohnt der Zwischenstopp. Nein – Tönning ist einen längeren Besuch wert! Die Touristen-Zentrale hat sich auch etwas Besonderes ausgedacht: ein Fußgängerleitsystem, das die Spaziergänger zu den Sehenswürdigkeiten der Stadt begleitet – immer der Scholle nach. Die Stadtgeschichte wird hier anschaulich-unterhaltsam erzählt, und wie die Autoren hinzufügen, »mit ein wenig Seemannsgarn verpackt«.

An der Stadtgeschichte Tönnings lässt sich wirtschaftliches Auf und Ab im Zusammenhang mit politischen Ereignissen und Entscheidungen sehr plastisch ablesen.

Am Hafendeich lädt die örtliche Gastronomie zum Verweilen bei einheimischen Spezialitäten ein.

EIDERSTEDT 77

Ein Krabbenkutter im Alten Hafen von Tönning

Die Lage an der Eider war sowohl strategisch wie auch handelspolitisch für die Stadt von großer Bedeutung. Wie Garding bekam Tönning 1590 die Stadt- und Marktrechte, und fast gleichzeitig ließ der Gottorfer Herzog hier eine Nebenresidenz errichten, der Hafen wurde 1613 ausgebaut, seine Gestalt hat sich bis heute kaum verändert; sehr zum Ärger des dänischen Königs errichtete man 1644–1648 eine Festung. Die niederländischen Einwanderer verhalfen der Stadt zu einem starken wirtschaftlichen Aufschwung. Vor allem führten sie die Käseproduktion ein und Tönning wurde der wichtigste Ausfuhrhafen. 1610 verschifften die Tönninger drei Millionen Pfund Käse! Von hier gingen im Verlauf des Jahrhunderts große Mengen lebender Tiere, Fleisch, Wolle und Weizen auf die Reise, im Besonderen auf die britische Insel.

Im Nordischen Krieg (1700–1721) bombardierte die dänische Armee die Stadt mit verheerenden Folgen, u. a. wurde die Kirche schwer beschädigt. Nach dem dänischen

Sieg wurde zuerst die Festung geschleift, dann das Schloss, das Zeughaus und die Garnisonskirche abgebrochen. Heute erinnern nur noch der Schlosspark und die Straßennamen, die auf das Schloss verweisen, an diese Zeit.

EIDERSTEDT

Der neue Aufschwung kam mit dem Bau des Eiderkanals 1784, der die Eider über Rendsburg mit Kiel-Holtenau verband, die Nordsee mit der Ostsee – und damit einen regen Handel entstehen lies. Aus dieser Zeit stammt auch das gewaltige dreigeschossige Packhaus am alten Hafen mit einer Länge von 77,5 Metern und einer Breite von 12,6 Metern; insgesamt ca. 4.000 Quadratmeter Lagerfläche. Im Mittelrisalit, der die Fassade unterbricht, befinden sich die Ladetore. Seit 1965 steht das Tönninger Packhaus unter Denkmalschutz, wurde aufwendig und umfassend saniert und wird von der Gesellschaft für Tönninger Stadtgeschichte e. V. zum Teil als Ausstellungsraum genutzt. Besonders im Dezember lohnt sich ein Besuch, denn dann verwandelt sich das Packhaus in den längsten Weihnachtskalender der Welt …

Während der sogenannten Kontinentalsperre, die Napoleon 1806 gegen die Britischen Inseln verhängte, erlebte die Stadt eine erneute kurze Blüte. Als neutraler

Das Alte Packhaus am Tönningen Hafen – ein riesiger Weihnachtskalender

dänischer Hafen löschten hier die Schiffe ihre Ladung, die für Hamburg bestimmt war, und die Hamburger Pfeffersäcke schafften ihre Güter auf dem Landweg weiter. Auch die Niederländische Ostindien-Kompanie nutzte Tönning als Hafen

Zugbrücke am Alten Tönninger Hafen

EIDERSTEDT

und den Kanal für ihren Handel mit Dänemark. Die Eisenbahn zwischen Flensburg und Tönning 1854 tat ihr Übriges.

Als dann 1895 der Kaiser-Wilhelm-Kanal (heute Nord-Ostsee-Kanal) seine Schleusen öffnete, war Tönning nicht mehr gefragt. Die großen Schiffe nahmen nun den schnelleren Weg.

Mit dem Bau des Eidersperrwerks 1973 verlagerte sich auch der Fischereibetrieb an den Außenhafen. Heute betreibt ein Segelverein das Revier, bis auf vereinzelte Kutter liegen nur noch Sportboote im Hafen. Die beliebten Ausflugsfahrten auf der Eider, zu den Seehundbänken und zum Eidersperrwerk starten hier. In der Straße Am Hafen gleich gegenüber dem alten Packhaus befindet sich ein ehemaliges Lagerhaus, das im gleichen Stil wie das alte 1884 errichtet worden ist. Ein Mittelrisalit teilt die Fassade in zwei gleiche Bauteile; nach dem Niedergang der Hafenwirtschaft nach dem Bau des Nord-Ostsee-Kanals wurde es 1901 in ein Wohnhaus umgebaut; im Volksmund heißt es wegen seiner aufwendig gestalteten Fassade »Das Schloss«.

Idyllisch, inmitten der Stadt gelegen, bestimmt der Hafen immer noch das Leben. Die Giebelhäuser, die unverkennbar von niederländischen Baumeistern in der Altstadt errichtet wurden, prägen nicht nur das Bild der Stadt, sie zeugen auch vom Wohlstand seiner früheren Bewohner. Der außergewöhnlich schöne Brunnen am Marktplatz mit seinem achteckigen Sandsteinbecken, verziert mit Reliefs und überdacht mit einer schmiedeeisernen Haube, stammt aus dem Jahr 1613 und ist einer der ganz wenigen barocken Kunstbrunnen in Schleswig-Holstein.

EIDERSTEDT

Die Kirche St. Laurentius

Die ausgemalte Decke von St. Laurentius in Tönning

Am Markt erhebt sich unübersehbar der bis zum Bau des Schleswiger Doms (1894) mit 92 Metern höchste Kirchturm im Herzogtum Schleswig. Die Kirche St. Laurentius ist unter den 18 Eiderstedter Kirchen die wohl repräsentativste. Der im unteren Bereich romanische Turm erhielt im Jahre 1706 seinen dreistufigen, barock geformten Helm, der dem Turm der Hauptkirche St. Trinitatis in Altona, heute ein Bezirk von Hamburg, zu jener Zeit die zweitgrößte Stadt Dänemarks, zum Vorbild hat. Im Innern von St. Laurentius erwarten den Besucher Überraschungen: Die verhaltene und fast bescheidene Pracht des norddeutschen Barock ist überall präsent. Die zierlichen Akanthuselemente der Kanzel, die von Jürgen Oven und seinem Vater gebildet und gestiftet wurde, die Türen des Gemeindegestühls, der Lettner, die Gemälde und Epitaphe mit ihren christlichen Darstellungen, in denen auch Weltliches versteckt ist, vermitteln das Bild von gestalteter Einheit, in das sich alle weiteren Elemente stilvoll integrieren. Auf einem Epitaph hat sich der Maler Jürgen Oven mit seiner Frau selbst porträtiert. Die Kirche ist im Großen Nordischen Krieg schwer beschädigt worden, nur so konnte sie nach 1700 in ihrer dann barocken Gestalt erneuert werden, in der wir sie heute erleben und bewundern. Die lebensgroße gotische Triumphkreuzgruppe allerdings hat alle Attacken überstanden und verweist in ihrer Kunstfertigkeit auf die ästhetischen Spuren der spätmittelalterlichen Vergangenheit.

Der malerische Hafen in Tönning ist ein beliebtes Fotomotiv.

Ein letztes ästhetisches Erlebnis darf sich niemand entgehen lassen, der die Kirche verlässt: Im Turmraum im Erdgeschoss hängt ein barockes Riffelbild, ein perspektivisches Doppelporträt; schaut man von rechts auf das Bild, sieht man etwas anderes, als wenn man von links schaut. Mit Vexierbildern haben die Menschen zu Beginn das 18. Jahrhunderts gerne gespielt, vielleicht um der Komplexität des Lebens ein wenig näherzukommen.

Viele wichtige Institutionen, die landesweite Aufgaben für den Schiffsverkehr regeln, haben in Tönning ihren Sitz: Das Wasser- und Schifffahrtsamt Tönning ist zuständig für die ganze schleswig-holsteinische Westküste, von Tönning aus werden die Leuchttürme des Amtsbezirkes gesteuert und gewartet, auch die Seezeichen, die die Schifffahrtsstraßen in der Nordsee sichern, die sogenannten Fahrwassertonnen, wer-

EIDERSTEDT

den hier repariert und markiert, auch für den Betrieb und die Unterhaltung der Bundeswasserstraßen Eider und Sorge ist das Wasser- und Schifffahrtsamt Tönning zuständig. Dies ist keine Arbeit, die nur am Schreibtisch erfolgt, sichtbare Zeichen sind die verschiedenfarbigen Tonnen, die im Hafen auf ihren Einsatz in der manchmal rauen Nordsee warten. Auch der Nationalpark Wattenmeer hat seinen Verwaltungssitz in Tönning.

Dem großen Sohn der Stadt, Johann Friedrich August von Esmarch, dem Begründer der Unfall-Kriegschirurgie, der »Ersten Hilfe bei plötzlichen Unfällen« und des Samariter-Wesens, 1823 in Tönning geboren, ist ein Denkmal im Schlosspark gewidmet: Adolf Brütt aus Husum gestaltete die lebensgroße Bronze über dem Marmorsockel 1904.

Am Hafen sind viele gemütliche Restaurants und Gasthäuser, die mit ihren unterschiedlichen Angeboten ihre Gäste nach einem langen Tag verwöhnen wollen. Einfach am Hafen sitzen, mit einem frischen Krabbenbrot, einem herben Bier oder einem sprudelnden Wasser, ein wenig die Seele baumeln lassen, vielleicht auch von einem Segeltörn träumen und auf jeden Fall genießen.

Wer lieber zu Hause selbst kocht, sollte sich den Fisch, der noch in traditionell handwerklicher Weise verarbeitet wird, oder die feinen Salate in der Alten Fischerei-Genossenschaft nicht entgehen lassen; das Unternehmen der Brüder Nothdurft existiert am Hafen zu Tönning seit 1982 und ist aus der Alten Fischerei-Genossenschaft von 1949 hervorgegangen; ihre Räucherei arbeitet seit 50 Jahren.

Der Nationalpark Wattenmeer – grenzenlose Vielfalt von Fauna und Flora

1985 trat das Gesetz über den Nationalpark Schleswig-Holsteinisches Wattenmeer zwischen der Elbmündung und der dänischen Grenze in Kraft. Viel ist seitdem zum Schutz dieses weltweit einzigartigen Ökosystems geschehen; aber wie immer nicht genug! Noch gibt es Umweltgifte, Öl, Müll und die Störung der empfindlichen Ruhezonen von Brutvögeln und Seehunden durch die Schifffahrt, die Übungen der Bundeswehr, aber auch durch die Erdölförderung nahe

EIDERSTEDT 87

der Vogelinsel Trischen (ca. 20 Seemeilen südlich der Halbinsel Eiderstedt). Hier mausern (Abwerfen des Federkleides) im August ca. 180.000 Brandgänse – das sind 90% des europäischen Gesamtbestandes. Dennoch hat das Wattenmeer mit seinen weiten Wattflächen, eine der wenigen Ur-Landschaften Mitteleuropas, seine außerordentlich hohe Natürlichkeit bewahrt, es ist ein Ort kleiner Wunder und großer Phänomene.

Der Rhythmus von Ebbe und Flut gibt zweimal täglich das prieldurchzogene Watt frei und überspült es wieder mit Meerwasser.

Nur unter diesen Bedingungen kann sich eine ganz besondere Flora und Fauna entwickeln. Ungefähr 2.500 Tierarten leben im Wattenmeer, von den kleinsten Algen über die Herzmuschel, den Seestern, aber auch die Garnele und der Prielwurm, ja selbst der Seehund sind hier zu Hause. Das Watt bietet daher auch den Zugvögeln im Spätsommer, die zu Millionen das Naturschutzgebiet als Rast- und Futterplatz nutzen, einen sicheren Aufenthalt.

EIDERSTEDT

EIDERSTEDT

Wattwanderungen sind nicht nur ein spannender Ausflug, weil es unendlich viel Natur zu entdecken gibt, es macht auch Spaß, über den dunklen, matschigen Meeresboden zu laufen und manchmal bis zum Knie zu versinken; aber allein, ohne ortskundige Führer sollte man sich nicht ins Watt wagen. Plötzlich aufkommende Nebel, das auflaufende Wasser, das manch kleinen Priel schnell zu einem Strom anschwellen lässt, sind nicht ungefährlich – auch nicht im Sommer. Hier ist vor allem die richtige Kleidung notwendig: Im Sommer geht's auch barfuß, und wer den erfrischenden Matsch nicht so mag, kann wasserfeste Sandalen tragen, in den anderen Jahreszeiten empfiehlt es sich, Gummistiefel anzuziehen, aber fest müssen sie sitzen, denn der Wattboden greift auch manchmal kräftig zu.

»Das Wattenmeer ist einzigartig«, sagt Rainer Rehm, Nationalpark-Ranger, »ich bin fasziniert von der unbeschreiblichen Stille, die über dem Watt liegt, lediglich unterbrochen durch den lebhaften Gesang der unzähligen Vögel.«
Auf unterschiedlichen Führungen und Spaziergängen kann man das Land, das Watt, das Meer, die Vielfalt der Natur erleben.

Das Nationalpark-Zentrum Multimar Wattforum

Das Nationalpark-Zentrum Multimar Wattforum bei Tönning zeigt in drei großen Themenblöcken die Unterwasserwelt der Nordsee.
Es gibt zwölf Groß- und 17 Sonderaquarien – hier sind die Lebensräume und Reaktionen unterschiedlicher Meeresbewohner zu beobachten.

LITERATUR

Hans-Jürgen Fründt
Nordseeküste Schleswig-Holsteins
Bielefeld, 7. Auflage 2013

Thomas Steensen (Hrsg.)
Das große Nordfriesland-Buch
Hamburg 2000

Hans Jessel, Rolf Kuschert
Eiderstedt und Friedrichstadt – eine Bildreise
Hamburg 1994

Albert Panten, Haik Thomas Porada, Thomas Steensen (Hrsg.)
Landschaften in Deutschland
Eiderstedt
Köln, Weimar, Wien 2013

Hans-Walter Wulf
Eiderstedt – Halbinsel der Kirchen
Hamburg 2009

Andreas Rumler
Schleswig-Holstein
Ostfildern 2011

Michael Pasdzior, Jens Meyer-Oderwald
Leuchtturm Westerheversand
Westerland 2007

400 Jahre Garding – Ein Blick in die Geschichte
Hrsg. von der Stadt Garding,
zusammengestellt von Ulf O. Postel
Garding 1990

INTERNET

Tourismus-Zentralen: www.st-peter-ording.de/tourist-information, www.tz-eiderstedt.de, www.tönning.de
Infos zu allen Orten auf Eiderstedt: www.eider-stedt.de/eiderstedt
Friedrichstadt: www.friedrichstadt.de
Modellbahn in Friedrichstadt: www.mobaza.de
Husum: www.husum-tourismus.de
Tönning: www.tönning.de, www.multimar-wattforum.de
Garding: www.garding.de, www.tz-eiderstedt.de, www.puppentheater-vocke.de
St. Peter: www.st.peter-ording.de, www.nordsee-bernsteinmuseum.de
Kirchen: www.tz-eiderstedt.de/kunst-kultur/kirchen/achteihn-kirchen.html
Geschichte: www.geschichte-s-h.de/vonabisz/heimatschutzarchitektur.htm, www.geschichte-s-h.de/vonabiszindex.htm
Fahrpläne ab Nordstrand: www.adler-schiffe.de/fahrplaene
Kunst und Kultur: www.eiderstedter-kultursaison.de, www.kunstklima.com, www.kunstinspo.de
Naturschutzgebiet Wattenmeer: www.waddensea-worldheritage.org/de, www.waddensea-worldheritage.org/visitor-centers/414/schutzstation-stpeter-ording
Aktivitäten: www.nordstrand.de/erleben/aktivitaeten-am-meer.html
Radfahren: www.tz-eiderstedt.de/aktiv/sport/radfahren.html, www.st-peter-ording.de/radfahren.html
Ferienwohnungen im Haubarg: www.deichgrafenhof.de, www.lammerswarft.de

ADRESSEN:

Tourismus-Zentrale St. Peter-Ording
Badallee 1, 25826 St. Peter-Ording
Tourismus-Zentrale St. Peter-Bad
Maleens Knoll 2, 25826 St. Peter-Ording
Tourismus-Zentrale Eiderstedt e. V.
Markt 26, 25836 Garding
Tourist- und Freizeitbetriebe Tönning
Am Markt 1, 25832 Tönning
Tourismusverein Friedrichstadt und Umgebung e. V.
Am Markt 9b, 25840 Friedrichstadt
Tourist-Information Husum/Husumer Bucht
Großstraße 27, 25813 Husum

Seebrücke, St. Peter-Bad

BERÜHMTE PERSÖNLICHKEITEN

Ferdinand Tönnies
Geboren am 26. Juli 1855 bei Oldenswort, gestorben am 9. April 1936 in Kiel war Soziologe, Nationalökonom und Philosoph. 1887 erschien sein Grundlagenwerk »Gemeinschaft und Gesellschaft«. Er trug auch bedeutend zur soziologischen Feldforschung bei. Von 1909 bis 1916 und von 1921 bis 1933 war er Professor an der Christian-Albrechts-Universität zu Kiel. Tönnies kritisierte ab 1930 öffentlich den erstarkenden Nationalsozialismus. Nach 1933 verlor er seine Lehrbefugnis in Kiel und wurde auch als Präsident der Deutschen Gesellschaft für Soziologie entfernt. Sein Grab und das seiner Frau Marie Tönnies befinden sich auf dem Parkfriedhof Eichhof bei Kiel. 2005, anlässlich seines 150. Geburtstages, wurde vor dem Schloss vor Husum die von Raimund Kittl gestaltete Büste enthüllt. Im Dorfkern von Oldenswort steht seit 1990 ein Bronzedenkmal zu Ehren von Ferdinand Tönnies.

Theodor Mommsen
Geboren am 30. November 1817 in Garding, gestorben am 1. November 1903 in Berlin-Charlottenburg war Historiker und gilt als einer der bedeutendsten Altertumswissenschaftler des 19. Jahrhunderts. Seine Werke zur römischen Geschichte sind noch heute für die Forschung von grundlegender Bedeutung. Für seine »Römische Geschichte« erhielt er 1902 den Nobelpreis für Literatur. Ein Zitat sei gestattet: »Die Demokratie hat sich immer dadurch vernichtet, dass sie die äußersten Konsequenzen ihres Prinzips durchführt.«

August von Esmarch
Geboren am 9. Januar 1823 in Tönning, gestorben am 23. Februar 1908 in Kiel war Arzt und Begründer der modernen Wund- und Kriegschirurgie, der Ersten Hilfe bei Unfällen, des zivilen Samariterwesens in Deutschland. Auf ihn geht nicht nur der Eisbeutel zurück – das brachte ihm in Tönning den Namen »Fiete Isbüdel« ein – sondern u. a. das Dreieckstuch.
Zwei Jahre nach dem Tod seiner Frau verliebte sich eine Patientin, Prinzessin Henriette von Schleswig-Holstein-Sonderburg-Augustenburg, in August Esmarch, zufällig eine Tante der späteren Deutschen Kaiserin Auguste Viktoria. Nach der Hochzeit – in Anerkennung seiner Verdienste – wurde er 1887 von Kaiser Wilhelm I. geadelt. So kann's gehen …

Boßeln

Frauen, Männer und Kinder werfen ein Pfund schwere, bleigefüllte Holzkugeln im Sommer über die Straße, im Winter über zugefrorene Felder: Boßeln. Der Volksmund scherzt: »Der Friese lernt zuerst das Laufen, dann aber das Boßeln.« Zwei Mannschaften versuchen mit möglichst wenigen Würfen eine festgelegte, abgesteckte Strecke zu bewältigen. Das Spiel hat eine militärische Tradition: Die Friesen besaßen zu ihrer Verteidigung wenig Waffen und griffen deshalb Eindringlinge mit gezielten Steinwürfen an. Heute wird friedlich in Vereinen geboßelt und es finden Meisterschaften statt. 2014 fanden die Deutschen Meisterschaften auf Eiderstedt statt. Deutscher Meister wurde Maik Bruhn vom BV Wesselburen, der aber in Eiderstedt trainiert hatte. Es muss aber nicht immer um Meister gehen, das Parkfest im Hochdorfer Garten beginnt meist mit dem Gästeboßeln, ein Spaß für alle. In vielen Orten der Halbinsel ist Boßeln auch bei Dorffesten eine beliebte Unterhaltung.

Orte und Termine der Ringreitturniere und der Boßelwettbewerbe verrät die Touristen-Information.

Ringreiten – Wie geht das?

Ringreiten ist ein Pferdesport, der seine Wurzeln bei den mittelalterlichen Ritterspielen hat. Damals galoppierten zwei Ritter in voller Rüstung und von einem Schild geschützt mit einer langen Lanze aufeinander zu und versuchten sich gegenseitig aus dem Sattel zu stoßen. Im schlimmsten Falle kam einer der Ritter zu Tode. Das Eiderstedter Ringreiten heute ist weniger gefährlich:

Zwischen zwei hohen Holzpfählen hängt am Seil ein winziger Messingring, den der Reiter im Galopp mit einer Lanze aufspießen muss. Dabei darf der Galopp des Pferdes langsam oder schnell sein – Hauptsache ist, dass alle vier Hufe kurzzeitig zusammen vom Boden abgehoben sind.

Heute ist es ein Sport für Frauen, Männer und Kinder. Das war nicht immer so; bis vor wenigen Jahrzehnten waren Frauen nicht zum Ringreiten zugelassen, aber sie wussten, was zu tun ist: In einigen nordfriesischen Orten ab den 1920er Jahren trafen sich Frauen und Mädchen zum Radringstechen, eine Tradition, die bis heute fortlebt. Unterschiedliche Längen der Lanzen und verschiedene Durchmesser der Ringe werden in den Turnieren verwendet: Der Königsring – der kleinste – hat einen Durchmesser von neun bis elf Zentimetern. In vielen Orten in Eiderstedt gibt es nicht nur Vereine, die diesen Sport pflegen, sondern es finden auch Wettkämpfe und Ringreitturniere statt, auf Dorfebene, auf regionaler Ebene, auf Kreis- und Landesebene. Das wahre Ziel ist die Königs- bzw. Königinnenwürde – und die erhält der- oder diejenige, der/die den kleinsten Ring als erstes dreimal sticht. Ist die Königin oder der König gekrönt, ziehen sie in einem großen Umzug durchs Dorf: Das Fest beginnt – in Vollerwiek ist dann »Danz op de Deel« für alle.

EIDERSTEDT

TRADITIONELLE FESTE

Biikebrennen

Am 21. Februar, dem Vorabend des Petri-Tags, wird bei den Friesen mit lodernden Feuern der Winter ausgetrieben. In St. Peter-Ording an der Promenade am Seedeich eröffnet die friesische Feuerrede des Bürgervorstehers das Fest; bei Einheimischen und Gästen ist das  Biikebrennen vor der charmanten Kulisse mit Seebrücke, Salzwiesen und Strand ein ausgefallenes Event, wenn hohe Flammen Licht in den Abendhimmel werfen und den Winter vertreiben. Natürlich gehört zur Feuerrede am Seedeich auch Musik, Budenzauber und Glühwein. Wenn die Flammen knistern, wird die Stimmung besinnlich und fröhlich zugleich.

Traditionell bieten die Restaurants in allen vier Ortsteilen im Anschluss an das feurige Ereignis ein deftiges Grünkohlessen an.

RADFAHREN

Eiderstedt ist ein Traumziel für Radfahrer. Ein neues Radwegenetz mit einheitlicher Beschilderung lädt die Radwanderer zu Erkundungsfahrten ein und führt mit zwölf Radtouren über die ganze Halbinsel. Die Touren führen von knapp 15 bis immerhin fast 105 Kilometer durchs Land. Die Rundtouren lassen sich je nach Lust und Laune miteinander kombinieren und je nach Kondition, Wind und Neigung auch verkürzen oder verlängern. Meist weht in Eiderstedt ein recht konstanter Westwind; wer seine Radtour geschickt plant, kann sich manche Erleichterung verschaffen, z. B. mit dem Wind in die eine Richtung und mit der Bahn gegen den Wind in die andere. Auf dem Deich, hinter dem Deich, durch idyllische Dörfchen, inmitten saftiger Wiesen und wogender Felder vorbei an Salzwiesen und vielen weidenden Schafen. Die gut ausgeschilderten Radwege verhelfen zu einem ganz entspannten Fahrradurlaub mit Meerblick.

Kartenmaterial erhalten Sie in den Geschäftsstellen der Tourismus-Zentrale in St. Peter-Ording; für die zwölf beschrieben Radtouren gibt auch eine GPS-Führung; so kann man die Halbinsel naturnah erleben und sehr detailreich erkunden.

EIDERSTEDT

Als Husum schließlich 1626 das Stadtrecht verliehen bekam, war der wirtschaftliche Zenit schon überschritten. Die zweite »Große Mandränke«, die Burchardiflut vom Oktober 1634, trennte Altnordstrand in die Halbinsel Nordstrand und die Insel Pellworm. Damit war auch die Kornkammer nahe der Stadt zunichte gemacht. 1713, während des Großen Nordischen Krieges, wurde Husum dann wieder dänisch, und der König als Herzog von Schleswig hatte nun das Sagen. Die großzügigen Pläne für den Ausbau des Hafens nach 1773 wurden deshalb auch nicht realisiert.

Erst mit der Industrialisierung, den Eisenbahnverbindungen nach Flensburg 1854 und Hamburg 1887, konnte Husum zum drittgrößten Viehmarkt Deutschlands heranwachsen. Spuren und Zeugnisse dieser turbulenten Zeit finden sich überall in der Stadt.

Auch die Moderne hat in Husum Einzug gefunden: Direkt am Binnenhafen, inmitten der Stadt auf dem traditionellen Werftgelände ist das neue Rathaus 1988/89 errichtet worden. Die Hamburger Architekten Bernhard Winking und Dieter Patschan haben die denkmalgeschützte Slipanlage in ihren Entwurf mit einbezogen und auf Stelzen stehende, unterschiedliche Bauteile konzipiert, die von Material und der Konstruktion auf den Stadtraum bezogen sind: Rote Klinker korrespondieren mit den Bürgerhäusern, und das geschwungene Metalldach über der Glasfront erinnert an die Werkhalle und die Werft. Besonders ist die helle Passage, die die verschieden Baukörper verbindet.

> **WER | WO | WAS**
>
> Aufmüpfig haben die Husumer 1472 gegen den dänischen König rebelliert und mussten daraufhin eine »Rebellensteuer« entrichten; Husum ergab sich kampflos gegen die anrückenden Truppen des Königs, der gemeinsam mit Lübeck, Hamburg und Mecklenburg gegen den »Flecken« vorging: Fast 70 Rädelsführer wurden geköpft oder gerädert, und um einer Brandschatzung zu entgehen, musste die damals ungeheure Summe von 30.000 Mark gezahlt werden. Die überlebenden Rebellen wurden zur Zahlung einer Steuer begnadigt, die erst nach 1878 durch die neue preußische Regierung erlassen wurde, fast 400 Jahre später! Ein historisches Kuriosum, wie manche Historiker sagen.

Ein lebendiges Event sind die »Husumer Hafentage«, die die Stadt im August in einen turbulenten Ort mit vielen unterschiedlichen Veranstaltungen verwandeln. »Geballte Ladung«, so kündigen die Veranstalter das Ereignis an, mit abwechslungsreicher Musik, natürlich mit Livebands, Sport, Theater, Spaß und allem, was zu Hafen und zum Wasser gehört, die »Blue Night Lasershow«, die jeden Abend die Stadt in ein fulminantes Lichtermeer taucht; regionale kulinarische Spezialitäten ergänzen den Genuss aufs Beste.

Das NordseeMuseum Nissenhaus

Das imposante Gebäude des Ludwig-Nissen-Museums wurde erbaut in den Jahren 1934–1937 nach dem Entwurf des Eiderstedter Architekten Georg Rieve (1888–1966), der vom Stifter Ludwig Nissen den 1924 ausgelobten Wettbewerb gewann. Drei Rundbögen krönen das großzügige Eingangsportal auf der Westseite des Museums; jeder Rundbogen trägt eine expressionistische Keramik des Kieler Bildhauers Alwin Blaue (1896–1958) – Seepferd, Adler, Tritonstier –, die die heimische Landschaft versinnbildlichen.

Die Fassade des Ludwig-Nissen-Museums mit der expressionistischen Keramik: Seepferd, Adler, Tritonstier

Durch die gescheite Politik der Stiftung und des Kuratoriums gelang es, das Museum geschickt durch die dunkle Zeit des Nationalsozialismus zu führen. Ausgestattet ist das Museum mit Bildern der Sammlung des Stifters, die zahlreiche Werke des 19. und 20. Jahrhunderts aus den USA zeigt, zahlreichen Schenkungen und Ankäufen. Themenschwerpunkte sind Ebbe und Flut, der Mythos Rungholt, die historische Entwicklung des Deichbaus und der Landgewinnung; für Kinder gibt es verschiedene museumspädagogische Projekte: ein Museum, in dem die Exponate angefasst werden sollen! www.museumsverbund-nordfriesland.de

Bei einem Spaziergang durch die Stadt weisen viele Relikte darauf hin, dass Husum einmal ein reiches Handelszentrum gewesen ist. Am Ende des 14. Jahrhunderts verschlang die große Flut von 1362, die erste »Große Mandränke«, den sagenumwobenen Ort Rungholt, der als reiches Handelszentrum galt. Die Flut öffnete der Stadt den Zugang zum offenen Meer. Da Husum zugleich nahe am Ochsenweg liegt, der ersten Verkehrsader Schleswig-Holsteins, die Nord- mit Mitteleuropa verbindet, avancierte die Stadt bald zum »Westhafen« für die Exporte landwirtschaftlicher Erzeugnisse und vermehrte so die Einnahmen der Herzöge von Gottorf. Stolz errichteten die Bürger 1437 die Marienkirche, an der als erster Kirche 1527 in den Herzogtümern das Evangelium nach der neuen Lehre Martin Luthers gepredigt wurde.

Und wer seine letzte Lateinstunde in schlechter Erinnerung hat, sollte unbedingt im Genießer-Hotel »Altes Gymnasium« übernachten und sich verwöhnen lassen, um sie vergessen zu machen; insbesondere, wenn Sie vorher ein Konzert während der exquisiten »Raritäten der Klaviermusik« gehört haben.

www.piano-festival-husum.de

Vorbei am Torhaus, das noch seinen Renaissance-Charakter bewahrt hat; über der Durchfahrt an der Südseite wachen Athene und Venus. In der Schlossgasse, eine moderne, ruhige Fußgängerpassage, kommunizieren zeitgemäße Skulpturen mit der traditionellen Architektur. Das Herrenhaus mit Treppengiebeln, in dem zeitweilig die Münze untergebracht war, stammt aus dem 15. Jahrhundert, und an der Rückseite sind noch Reste des gotischen Ursprungs zu erkennen; es steht an der Ecke Schlossgasse und Markt: Die Sandsteinköpfe an der Marktfassade sollen die sogenannten Rebellenköpfe sein, im Volksmund werden sie jedenfalls so genannt, aber die Stadthistoriker haben da ihre Zweifel. Gleich gegenüber der Schlossgasse, am Markt, steht die klassizistische Marktkirche, vor der sich auf dem Brunnen die stolze Ruderin präsentiert – im Volksmund der »Tine-Brunnen«, den der Husumer Bildhauer Adolf Brütt 1902 entworfen hat. Nein, die Stadt ist keineswegs grau, mit ihren farbigen Fassaden, den alten Giebelhäusern und dem mittelalterlichen Rathaus. In den unterschiedlichen Fassaden spiegelt sich die lebendige, bewegte Geschichte der »Grauen Stadt am Meer«. Am besten erschließt man sich die Stadt, wenn man dem »Kulturpfad« folgt, er verbindet die 32 wichtigsten historischen und architektonischen Höhepunkte und beginnt am Alten Rathaus; da ist auch die Tourist-Information untergebracht; hier gibt es den Flyer des »Kulturpfades« als idealen Begleiter.

Der Markt von Husum mit der klassizistischen Marktkirche und dem Tine-Brunnen

Das Schloss vor Husum

Das Schloss wurde vom Herzog Adolf von Schleswig-Holstein-Gottorf (1526–1586) von 1577 bis 1582 im Stil der niederländischen Renaissance errichtet; von hier regierten die Herzöge.

Im 17. Jahrhundert diente das Schloss als Witwensitz für die Herzoginnen Augusta (1580–1639) und Maria Elisabeth (1610–1684), die die Residenz mit einem Lustgarten samt Orangerie und Lusthaus sowie einen Nutzgarten zum Anbau von Obst und Gemüse ausstatteten. Auf der Schlossinsel selbst befindet sich der »Herzoginnengarten«. Inmitten von Blumenbeeten konnte man lustwandeln, Ruhe und Erholung finden. Unter Herzogin Maria Elisabeth kultivierte man hier aber auch Wein und Edelobst.

1721 verloren die Gottorfer infolge des Nordischen Krieges ihre Gebiete nördlich der Eider an den dänischen König. Aus dem herzoglichen Schloss in Husum wurde ein königlich dänisches Schloss.

Die Krokusblühte vor dem Schloss zu Husum

Der Schlosspark, heute Stadtpark mit altem Baumbestand, zeigt im Frühjahr die berühmte überbordende Krokusblühte, ein weites violettes Meer breitet sich dann im Schlosspark aus. Im Schloss finden regelmäßig Konzerte wie die »Raritäten der Klaviermusik« – immer im August – statt. Ausstellungen und Führungen, manchmal in Kostümen aus dem 17. Jahrhundert, lassen schon ein wenig die Gegenwart vergessen. Ein besonderes Erlebnis in den historischen Räumen.

EIDERSTEDT

HUSUM, NICHTS VON WEGEN GRAU

Ein Muss, der Alte Hafen, das bunte Treiben auf der Hafenstraße mit den vielen Cafés und Restaurants, der 33 Meter hohe Wasserturm von 1902, der für viele Wassertürme in Schleswig-Holstein Pate gestanden hat.

Das Gedicht von Theodor Storm »Die graue Stadt am Meer« hat die Stadt nicht nur berühmt gemacht, es hat auch zu einer Legende geführt: Die von »grauen Nebeln« eingehüllte Stadt ist ein romantisch verklärter Ort zum Träumen, denn Husum ist keineswegs grau, sondern farbig, lebendig und die Menschen hier manchmal ungestüm. Ein Besuch im Hause von Theodor Storm ist unbedingt zu empfehlen. Die enge Hafengasse entlang zum »Naturhaus«; dann zum Theodor-Storm-Haus, in der Wasserreihe – in dem nicht nur einige Accessoires des Dichters besichtigt werden können, sein Wohnzimmer ist im Original erhalten, und es gibt auch wechselnde Ausstellungen.

Nach Koldenbüttel

Mir dem Fahrrad sind es bis Koldenbüttel, dem östlichsten Dorf der Halbinsel Eiderstedt, nur vier Kilometer, einmal kurz über die Treene und schon ist man da. Wie eine Perlenkette ziehen sich etwa 25 verlassene Warften parallel zur Landstraße hin. Sie sind Überreste einer vor über 800 Jahren durch eine Sturmflut zerstörten Siedlung und als Denkmal geschützt. Warften, das sind aufgeworfene, bebaute und meist mit Bäumen umgebene Erdhügel, die ihre Bewohner vor der steigenden Flut schützen sollen.

An der Dorfstraße liegt das eindrucksvolle Pastorat, ein reetgedecktes Marschbürgerhaus. Mittig über Dach und Fassade gliedert ein Zwerchhaus mit Stufengiebeln das Gebäude, den Amtssitz des Pastors.

Auf dem Dorfplatz begrüßt die Besucher der »Schafbock« von B. Lothar Frieling. Neben dem Feuerwehrgerätehaus steht der »Klootstockspringer«, ein Mann mit einem Holzstab, mit dem man sich über die Gräben zwischen den Feldern schwingt, fast wie ein Stabhochspringer; und auf einem Privatgrundstück an der Dorfstraße schaut ernst der »Betonkopf« über den Zaun.

An den unterschiedlichen Wandformationen der kleinen, aber außerordentlich schönen Kirche St. Leonhard spiegeln sich die Zeiten: ein zugemauertes gotisches Portal sowie deutliche Übergänge von romanischen und gotischen Bauabschnitten. Nicht nur dem Schnitzaltar, der Kanzel und dem Triumphkreuz, sondern besondere Aufmerksamkeit sollte auch den Epitaphien gewidmet werden. Die »Grablegung« von Marten van Achten, im Stil des italienischen Manierismus und der Malerei der Renaissance verpflichtet, gilt als das beste Werk des Malers. Vor der Kirche steht der hölzerne Glockenstapel von 1461, nachweislich der älteste in Schleswig-Holstein.

EIDERSTEDT

Die Tourist-Information im Rathaus am Markt hat einen Audioguide vorbereitet, mit dem Sie unabhängig von festen Zeiten und im eigenen Tempo die Stadt mit Willem van den Hove auf sehr unterhaltsame Weise entdecken können. Die Stadtführungen zu verschiedenen Themen wie Weibergeschichten, dem Historischen Abendspaziergang oder der Nachtwächterführung bieten spannende, amüsante und informative Geschichten zur Vergangenheit, ohne die lebendige Gegenwart zu vergessen. So kann man die Stadt gut kennenlernen.

In der Grachtenstadt bieten sich natürlich auch Kanu- und Grachtenfahrten an, um die Stadt aus einer anderen Perspektive zu erleben; ausgeschilderte Radtouren in die Umgebung, z. B. auf den Spuren des Künstlers B. Lothar Frieling, ergänzen das Erlebnis der Vielfalt Friedrichstadts auf beeindruckende Weise. Denn die kleine Stadt ist wie die Fülle ihrer kulinarischen Angebote: international.

Bei einer Grachtenfahrt erlebt man die Stadt aus einer besonderen Perspektive: Blick auf den Markt.

Die Juden bekamen in der »Stadt der Toleranz« im 17. Jahrhundert das Siedlungsrecht. Am Binnenhafen erbauten sie 1846/47 eine Synagoge. 1938 wurde die Synagoge in der Reichspogromnacht verwüstet. Ein SS-Offizier nutzte das Gebäude später als Wohnhaus – zynischer geht nicht. Nach umfassenden Restaurierungsarbeiten entstand 2003 ein Ort für kulturelle Veranstaltungen und Begegnungen; eine Dauerausstellung zur Geschichte der jüdischen Gemeinde Friedrichstadts erinnert an die Vergangenheit.

Der regelmäßig auf dem Markt abgehaltene Pferdemarkt gehört zur Vergangenheit; heute ist freitags Wochenmarkt und die Produzenten aus der Region bieten ihre Waren feil. Der Markt ist auch sonst der zentrale Veranstaltungsort der Stadt: Am ersten Juli-Wochenende veranstalten die Friedrichstädter Rosenträume – ein duftender, bunter Markt, auf dem es nicht nur die edlen Rosen zu bestaunen gibt, auch Garten- und Wohnaccessoires, Skulpturen und Schmuck; mit rosigen Köstlichkeiten wartet die Friedrichstädter Gastronomie auf.

Bei dem Friedrichstädter Lampionfest, meist am letzten Juli-Wochenende, geht in der Grachtenstadt alles, was schwimmt, aufs Wasser, und am letzten Samstag im August präsentiert sich in der Friedrichstädter Kulturnacht der Ort am Zusammenfluss von Eider und Treene mit offenen Galerien, Ateliers, Privathäusern und Museen, musikalischen, literarischen und künstlerischen Angeboten als Künstler- und Kulturstadt.

Auch das Schleswig-Holstein Musik Festival ist hier regelmäßig im Sommer zu Gast.

Viele Kunsthandwerkstätten und Ateliers laden täglich ein, die Arbeiten der Künstler zu bewundern, ihnen bei der Arbeit zuzuschauen und vielleicht eine Erinnerung mitzunehmen.

Der historische Brunnen auf dem Marktplatz ist besonders schön gestaltet.

eine modernistische Überformung erfahren haben, im alten Stil wiederherzustellen, sind nicht zu übersehen.

Die Remonstrantenkirche an der Prinzessstraße ist die einzige Kirche dieser Konfession außerhalb der Niederlande. Die Remonstranten (lat. remonstrare – zurückweisen), die die calvinistische Lehre zurückwiesen, waren die ersten Glaubensflüchtlinge in Friedrichstadt und errichteten 1624 eine Saalkirche, die jedoch bei der Bombardierung 1850 zerstört wurde. Schon vier Jahre später konnte der Neubau wieder eröffnet werden, eine klare, klassizistische Saalkirche, beleuchtet von hohen Fenstern; der Innenraum ist weiß, auch das Gestühl – kein Bild, kein Altar, keine Farbe. Die kunstvoll gearbeitete, aus Holz gefertigte Kanzel steht im Mittelpunkt, ein Medaillon mit einer Frauenfigur, der Allegorie der christlichen Nächstenliebe, ist der einzige Schmuck. Ein Raum, in dem nichts von der inneren Einkehr ablenkt – und wenn die große Orgel erklingt?

Ein Haus, das zwischen 1626 und 1629 erbaut wurde, liegt gleich gegenüber der Kirche und hebt sich mit seiner roten Fassade von den anderen ab. Es wurde aufwendig restauriert. Von der Straße aus ist ein Zimmer zu sehen, mit Alkoven und Puppen in der Tracht der Remonstranten – ein lohnender Blick in die Vergangenheit.

Die evangelische Kirche, Am Mittelburgwall, wurde 1649 geweiht, eine Saalkirche nach niederländischem Vorbild; hell, einfach ist der Innenraum gestaltet: Kanzel, Taufbecken und die große Glocke stammen aus einer Kirche, die auf Nordstrand 1634 bei der »Burchardiflut«, der »Zweiten Großen Mandränke« am 11. Oktober unterging. Das Altargemälde, »Die Beweinung Christi« im Stil des niederländischen Barock gemalt, stammt von Jürgen Ovens, der lange in Friedrichstadt lebte. Der repräsentative, gedrungene Turm wird bedeckt von einer flachen Haube, über der das Uhrengeschoss von einer oktogonalen Laterne gekrönt wird.

Die Remonstrantenkirche an der Prinzessstraße ist die einzige Kirche dieser Konfession außerhalb der Niederlande.

EIDERSTEDT

Trotz des herzoglichen Versprechens der Münzfreiheit ist hier nie eine Münze geprägt worden.

Das Tischlereimuseum in der Ostermarkstraße mit historischen Werkzeugen und Maschinen aus einer original erhaltenen Werkstatt zeigt, wie das traditionelle Handwerk ausgeübt worden ist. Ergänzend zur Dauerausstellung bietet das Museum den Besuchern auch Führungen und Veranstaltungen an, um ihnen das Handwerk näherzubringen.

Das prächtige Paludanushaus in der Prinzenstraße 28 ließ sich der Remonstrantenprediger und Weinhändler Godefridus Paludanus errichten; das beeindruckende Giebelhaus trägt die Hausmarke mit dem Datum 1637, die Verzierungen über der Traufe sind Löwenköpfe und – natürlich – ein Weinfass. Ein attraktives Gebäude mit einer harmonisch gegliederten Fassade, Sprossenfenstern und einer geschnitzten, mit kunstvollen Ornamenten im Rokokostil gestalteten Eingangstür.

In allen Straßen der Altstadt zwischen Treene, Ostersielzug, Westersielzug und dem Fürstenburggraben finden sich schöne, reizvolle, sehenswerte Wohn- und Geschäftshäuser, die von den Gründerjahren der Stadt erzählen; die Bemühungen der jetzigen Stadtobern, Altes zu erhalten, zu erneuern und das Stadtbild an den Orten, die

Auch die Nebenstraßen des pittoresken Friedrichstadt laden zum Erkunden ein.

pen, Zunftembleme oder auch Tiere – Schimmel, Lamm, Ente oder Katze –, ein aus Klinkern gemauertes Kreuz befinden sich noch heute an den Fassaden. Manche können interpretiert werden, andere sind nur eine schöne Dekoration und wunderbare Eyecatcher. Schon bald nach der Gründung der Stadt wurde im Süden der Eiderhafen angelegt. Daher konnten sich im 18. Jahrhundert ein gediegener Handel und auch ein prosperierendes Gewerbe entwickeln, mit einer Textilindustrie, die ihre Produkte bis nach Indien verkaufte.

Zwei wesentliche Einbrüche musste Friedrichstadt in seiner Entwicklung verschmerzen: Im Kampf um die Unabhängigkeit vom Königreich Dänemark wurde die Stadt 1850 schwer bombardiert – viele Gebäude wurden dabei zerstört. Der Bau des Kaiser-Wilhelm-Kanals, der 1895 eröffnet wurde, traf sie wirtschaftlich hart. Die Bahnanbindung – schon 1854 – nach Tönning und Flensburg und der 1887 in Betrieb genommene Anschluss nach Altona, mit der neuen Brücke über die Eider, konnten dies nicht ausgleichen.
Wer sich von Osten oder Süden der Stadt nähert, dem fällt die Eisenbahnbrücke von 1916 auf, ein Bauwerk strenger Industriearchitektur, das die Eider quert; es ersetzte die jahrhundertealte Fährverbindung.

Wer außerhalb der Feriensaison durch die Stadt flaniert, bekommt einen Eindruck des Flairs der Gründerjahre. In der Hauptsaison aber erkennen auch die Friedrichstädter ihre Stadt nicht wieder, weil alle Parkplätze besetzt und ihre Lieblingsrestaurants überfüllt sind, weil auf den Straßen kein Durchkommen mehr ist – aber sie sind immer noch tolerant und leben gerne mit ihren Besuchern, weil diese schließlich einer der letzten verbliebenen »Industriezeige« sind.

Die Alte Münze, Am Mittelburgwall 5, ist wohl eines der bedeutendsten und schönsten Bauwerke der niederländischen Renaissance-Architektur in Norddeutschland. Das Giebelhaus wurde 1626 als Speicher für den Statthalter Adolf van Wael errichtet. Horizontale Sandsteinverzierungen gliedern die Backsteinfassade, die Traufe zwischen Erdgeschoss und dem ersten Stock verzieren Engels- und Löwenkopf sowie ein Faunkopf. Heute beherbergt die Alte Münzedas Stadtmuseum mit einer Dauerausstellung zur Religionsvielfalt, dem Alltagsleben und der Geschichte der Stadt. Durch eine eiserne Pforte neben der Alten Münze gelangt man in den Betsaal mit dem sich anschließenden Mennonitenfriedhof. Der bescheidene Saal mit einer Holzbalkendecke ist vom Museum einsehbar.

EIDERSTEDT

Der Markt in Friedrichstadt mit den klassischen niederländischen Treppengiebelhäusern

Im Zentrum der Stadt, am Mittelburggraben, der die Altstadt in Vorder- und Hinterstadt teilt, liegt der Marktplatz, der seinen heutigen Charakter schon vor 1639 erhielt: einen steinernen Teil und einen grünen, mit Bäumen bepflanzten Teil. Die Fassaden der klassischen niederländischen Treppengiebelhäuser an der Westseite sind mit Schmuckelementen reich gegliedert.

Eine Besonderheit an den Häusern in Friedrichstadt sind die Hausmarken. Schon die Stadtgründer verzierten ihre Häuser mit einem »Gevelsteen«, einem Bild, das oft einen Bezug zu dem Besitzer des Hauses oder seines Berufes herstellte: Wap-

AUSFLÜGE

Friedrichstadt – Die Holländerstadt

Liebliche Treenestadt
Freundliches Friedrichstadt
Blüh ewiglich!
Schattiger Lindenkranz
Sonniger Dächer Glanz
Spiegel im Wellentanz
Dem Himmel Dich

… dichtete 1829 der lutherische Pastor Johann Christoph Biernatzki auf seine Stadt, die schon über 200 Jahre zuvor von Herzog Friedrich III. von Gottorf am Zusammenfluss von Treene und Eider gegründet worden war. Große Pläne und Träume hatte der tolerante Herzog, der nicht nur an Wissenschaft und Wirtschaft außerordentliches Interesse hatte, sondern auch an Kunst und Kultur. Nicht ohne Grund nannte man sein Schloss in Schleswig Musenhof.
Von Friedrichstadt aus sollte sich der Handel mit Asien und Russland entwickeln, ja sogar eine Universität sollte gegründet werden.

Die Toleranz des Herrschers bot die beste Voraussetzung. Er siedelte im ersten Viertel des 17. Jahrhunderts die in den Niederlanden Verfolgten unterschiedlicher Religionsgruppen an und sicherte ihnen »einen sicheren Wohnort mit freiem Gebrauch ihrer Religion« zu: Remonstranten, Mennoniten, Lutherisch-Reformierte. Es kamen geschickte Handwerker und gescheite Kaufleute, auch erfahrene Baumeister, nach deren Plänen die neue Stadt angelegt wurde. Der Herzog zeigte sich großzügig, er hatte 100 Häuser auf eigene Kosten bauen lassen, sagte ihnen Zoll- und Steuerfreiheit für 20 Jahre zu, eine eigene Münze und einen Schiffsbauplatz. Am 24. September 1621 wurde feierlich der Grundstein für das erste Haus gelegt.

Generationen lagen die Geschicke des Hauses Hoyerswort nun in den Händen der Familie Hamkens.

Als erhaltenswürdiges Baudenkmal wurde das Herrenhaus 1988 originalgetreu restauriert. Die von einem doppelten Wassergraben umgebene Idylle kaufte 2011 Alfred Jordy und betreibt hier nun zusammen mit seiner Frau eine Marschentöpferei, ein Café und ein Museum. Das Herrenhaus ist für Besucher geöffnet und kann besichtigt werden. Im Tanzsaal hat sich Alfred Jordy seine Keramikwerkstatt eingerichtet – ob der Blutfleck noch an der Wand ist, kann jeder Besucher selbst herausfinden! Regelmäßige Musikveranstaltungen, Lesungen, Ausstellungen und auch Theateraufführungen runden das Programm in Hoyerswort exzellent ab – wenn das Wetter es im Sommer zulässt, finden manche Events auch unter freiem Himmel statt.

www.hoyerswort.de

Das Herrenhaus Hoyerswort

Unweit von Oldenswort steht in einem schönen Park das einzige Gut der Landschaft Eiderstedt, das Herrenhaus Hoyerswort. Der königlich dänische Aufseher (Staller) Caspar Hoyer ließ es zweistöckig und mit einem achteckigen Treppenturm zwischen 1591 und 1594 im Stil der Renaissance für sich und seine Familie auf seinem 200 Hektar großen Landsitz erbauen. Zweifellos gehört dieses »Schlösschen« zu den schönsten Bauwerken in Eiderstedt. Neben dem Schloss befindet sich ein Hauberg, der als Stall- und Scheunengebäude genutzt wird.

> **INFO**
>
> Zu jedem Schloss gehört eine Legende: Unter den Gästen bei einer Hochzeit auf dem Gut Hoyerswort befand sich eine junge, bezaubernde Dirne, die als anmutigste Tänzerin galt, und sobald Musik erklang, konnte sie mit dem Tanzen nicht aufhören. Die Warnungen der Mutter schlug sie mit den Worten aus: »Selbst wenn der Teufel mich zum Tanzen aufforderte, ich schlüg es nicht ab.« Ein Unbekannter betrat den Saal und forderte sie zum Tanz. Es war der Teufel selbst und er schwenkte sie lange und wild im Takt, bis das Blut ihr aus dem Munde brach und sie tot niederfiel. Diese Blutspur ist im Saal unauslöschlich. Die Dirne selbst findet keine Ruh: Immer um Mitternacht muss sie sich aus ihrem Grab erheben, zum Tanzsaal eilen, aus dem schon eine teuflische Musik erschallt. Schläft zufällig jemand dort, wird er zum Tanzen gefordert – bisher hat es noch keiner gewagt. Nur wenn ein Christenmensch ihrem Wunsche nachgibt, ist sie erlöst. Ihr Grabstein soll vor dem Haubarg Leutnantshof in Uelvesbüll liegen …
> [Der Blutfleck an der Wand des Tanzsaales inspirierte Dichter wie Theodor Fontane und Christian Friedrich Hebbel.]

Als offizieller Vertreter des Königs erhob der Staller Abgaben und übte richterliche Gewalt aus. Ein Relikt aus dieser Zeit ist noch heute in dem augenfälligen Treppenturm zu besichtigen: das berüchtigte Halseisen des Prangers.

Hoyer hat sich auch anderweitig um Eiderstedt verdient gemacht. Die Eindeichung des Adolfskooges, die Gründung sozialer Einrichtungen und die Verbesserungen vieler Wegverbindungen sowie eine neue Deichordnung und ein verbessertes Landrecht gehen auf ihn zurück; in Tönning und Garding ließ er Hospitäler bauen, und auf seine Initiative erhielten die beiden Orte 1590 das Stadtrecht.

Im politischen Leben der Zeit spielte Hoyerswort eine wichtige Rolle: Zur Zeit der Belagerung Tönnings während des Großen Nordischen Krieges wohnte hier der dänische König, in Hoyerswort nahm er die Kapitulation der schwedischen Truppen entgegen.

Nach dem frühen Tod von Caspar Hoyer, 1594, gab es viele Besitzerwechsel, bis schließlich Boye Hamkens aus Welt das Schloss 1771 kaufte. Über acht

EIDERSTEDT

Der »Treffpunkt Oldenswort« beherbergt nicht nur ein gemütliches Café, hier sind auch Erinnerungsstücke an die »Dichterin der Marschen« Thusnelda Kühl (1872–1935) zu sehen und natürlich ihre Werke. Auch die ihres Bruders; dem Maler, Bildhauer und Heimatforscher Carsten Wilhelm Kühl (1887–1964) wird mit einer kleinen Ausstellung gedacht. Leben und Werk von Professor Dr. Ferdinand Tönnies (1855–1936), dem großen Sohn der Stadt und dem Begründer der Soziologie in Deutschland, sind verschiedene Exponate gewidmet.

Mit wechselnden Ausstellungen von Künstlerinnen und Künstlern aus der Region ist der »Treffpunkt« ein lebendiger Ort nicht nur für regionale Geschichte.

Gegenüber, inmitten des Kirchhofs thront St. Pankratius, die Kirche zu Oldenswort, wegen ihrer Pracht und Größe im Volksmund »Bauerndom« genannt. Vor der Kirche erwartet den Besucher ein Schwarm silberner, durcheinander laufender Tauben, eine Skulptur von B. Lothar Frieling. Schon der 45 Meter hohe Turm beeindruckt. Der Bau der romanischen Kirche begann 1245, erlebte verschiedene Ergänzungen, aber ist heute, nach sorgfältigen Restaurierungsarbeiten, die wohl einzige Kirche Eiderstedts mit einer wunderbaren, geschlossenen Renaissanceausstattung, die sie nicht zuletzt dem »Fürstlichen Holsteinischen Rath und Staller« Caspar Hoyer und seiner »Eheliche Hausfrawe, Anne Wulffs« verdankt, wie eine Inschrift aus dem Jahr 1592 am Fuß des Altars hervorhebt, den der Maler Marten van Achten gestaltet hat.

Der »Bauerndom« zu Oldenswort – außen schlicht und innen zeigt sich eine prächtige Renaissancekirche.

Das Herrenhaus Hoyerswort –
vom Roten Hauparg über Witzwort nach Oldenswort

Die Landschaft erfahren und genießen – wenn das Schilf an den Wegen im Wind wispert, aufgeschreckte, seltene Vögel aus den Wiesen aufsteigen und mit ihrem Gesang vom Nest ablenken wollen – das erlebt man nur auf den gut ausgebauten Radwegen, die die Orte auf Eiderstedt verbinden. Der Weg vom Roten Hauparg führt über Witzwort nach Oldenswort; eine kleine Straße, gekreuzt von vielen Entwässerungsgräben, mit üppiger Flora. In Witzwort lohnt ein Besuch in der Kirche St. Marien, deren schlichter, klarer Raum einen beruhigenden Eindruck hinterlässt. Sie beherbergt aber auch den figurenreichsten Altar Eiderstedts; sorgsam geschnitzte Figurengruppen mit vielen kleinen Details zeigen Szenen aus dem Neuen Testament. Der Taufstein aus Namurer Kalkstein gehört zu den ältesten in Eiderstedt und verweist auf den regen Handel der Region mit Flandern: zu erkennen an einer Dame in der Tracht wohlhabender Burgunderinnen, einer Eulenspiegelfigur und an einem Herren mit Pelzmütze. Die Kanzel aus dem Jahr 1583 ist von dem bekanntesten Staller Caspar Hoyer gestiftet, ihre meisterhaften Schnitzereien zählen zu den schönsten in ganz Eiderstedt.

Der »Handelskrug« gehört seit vielen Jahren zu den besten Restaurants auf Eiderstedt.

An Überformungen, die die Architektur und Ausgestaltung vieler Kirchen meist im 19. Jahrhundert ertragen mussten, ist St. Marien ein neugotischer Turm – wohl aus Kostengründen – erspart geblieben. Dafür blieb der hölzerne Glockenturm aus dem Jahr 1613 erhalten.

Manchmal ist es auch schön, noch Wünsche für den nächsten Urlaub zu haben: in Witzwort z. B. in der Mühle Catharina zu wohnen. Es ist eine wunderschöne Bergholländermühle in ruhiger Lage, die 1786 erbaut wurde. In den 1970er Jahren hat sie ihren Betrieb eingestellt und wurde später denkmalgerecht restauriert. Sie kann als Feriendomizil das ganze Jahr über gemietet werden; in der kühleren Jahreszeit sorgt der große Biofire-Kachelofen für heimelige Wärme.

EIDERSTEDT

Der Rote Hauwbarg

Der wohl bekannteste historische Hauwbarg ist der Rote Hauwbarg. Zwischen Witzwort und Uelvesbüll gelegen, erhebt er sich majestätisch in der weiten Landschaft. Ein wohlhabender Bauer errichtete 1647 im eingedeichten Adolfkoog einen Hauwbarg, der nicht – wie üblich – mit Reet gedeckt war, sondern mit roten Ziegeln. Daher der Name. Dieser Hauwbarg brannte jedoch ab und später erbauten die Nachkommen einen reetgedeckten Hauwbarg mit der ungewöhnlichen Firsthöhe von 17 Metern, er steht auf acht Ständern. Eigentlich ist unnötig hinzuzufügen, dass er 99 Fenster hat …

Er beherbergt in den weitgehend erhaltenen historischen Räumen ein Café, ein Restaurant und ein Museum, das vielfältige Einblicke in das ländliche Leben gewährt, als Landwirtschaft noch schwere Handarbeit war, und gibt auch Aufschluss über die Konstruktion des Hauses.

Auf der Wiese vor dem Café steht »Die Teufelin«, eine Skulptur von B. Lothar Frieling, einem norddeutschen Bildhauer, der an die Sage erinnert.

Der Rote Haubarg bei Witzwort

INFO

Der Rote Haubarg ist ein Werk des Teufels: Früher stand hier eine kleine Hütte, in der ein junger, armer Mann lebte, der sich in die Tochter des reichen Schmieds verliebt hatte. Mutter und Tochter waren dem jungen Mann wohl gewogen, aber der Vater wollte den armen Mann nicht zum Schwiegersohn. Also verschrieb er seine Seele dem Teufel, wenn er bis zum ersten Hahnenschrei einen großen Haubarg mit einhundert Fenstern bauen könnte. In der Nacht begann der Teufel sein Werk. Schnell wuchsen die Mauern; da hielt der Mann es nicht mehr am Bauplatz aus, weckte die Frauen, aber er wagte nicht von seinem Pakt zu sprechen. Als die Mutter nun das Haus fast fertig sah, bekannte er ihr, dass er aus Liebe zu ihrer Tochter seine Seele dem Teufel versprochen hatte, wenn er bis zum ersten Hahnenschrei das Haus fertig habe. Schnell lief die Mutter in den Hühnerstall – es waren schon neunundneunzig Fenster eingesetzt – sie riss den Hahn aus dem Schlaf, der sich mit lautem Krähen beschwerte. Der Teufel hatte die Wette verloren, das junge Paar vermählte sich und seine Nachkommen wohnen seitdem auf dem Haubarg. Die hundertste Scheibe jedoch fehlt noch immer; jedesmal wenn sie jemand einsetzt, ist sie am nächsten Morgen zerbrochen.

EIDERSTEDT

Haubarg unter einem Dach. Der Grundriss der Haubarge ist rechteckig, wenn nur vier Ständer das Haus tragen. Je nach Größe bauten sich die Bauern Häuser mit vier, sechs oder acht Ständern, die mit Längs- und Querbalken verbunden sind. Nicht nur dass diese Bauweise besonders widerstandsfähig gegen Naturgewalten ist, auch reduziert sie das in Eiderstedt wenig vorhandene Baumaterial, weil das Anwesen nur vier Außenwände hat.

In der Mitte bilden vier Ständer einen Vierkant, dort wird das Stroh nach dem Dreschen gelagert. Die Stallungen für Pferde (Peerboos), Rinder (Boos) und der Dreschplatz (Loo), der auch als Wagenremise diente, sowie die Schlafverschläge für das Gesinde sind um das Vierkant angeordnet. Eine Seite jedoch war dem Bauern und seiner Familie vorbehalten: die Wohnräume (Döns), die Schlafverschläge mit den Wandbetten (Alkoven) und die Wirtschaftsräume. Über den Wohnräumen der Bauernfamilie lagerte das Stroh; das wärmte im Winter! Auch das traditionelle Reetdach, oft mit einer Höhe von 15 bis 20 Metern, gehörte selbstverständlich zum Haubarg, nicht nur weil es in Eiderstedt wächst, sondern auch weil das Reet im Sommer wie im Winter ein angenehmes Wohnklima schafft. Zum Schutz vor Sturmfluten errichteten die Bauern ihre Haubarge auf Warften, die meistens auch noch mit Bäumen umgeben waren. Heute liegen sie daher gut geschützt und versteckt und sind nicht mehr einsehbar. Nur wenige Haubarge werden noch von Landwirten genutzt, heute residieren in ihnen andere Eigentümer, die die Innenräume verändert haben zu Sommerhäusern oder Ferienwohnungen. Nur wenige lassen sich noch besichtigen (oft nur bei angebotenen Führungen).

DER HAUBARG – LÄNDLICHES WOHNEN UND ARBEITEN UNTER EINEM DACH

Ein Haubarg ist das typische Bauernhaus wohlhabender Landwirte auf der Halbinsel Eiderstedt. Im späten 16. Jahrhundert löste dieser von westfriesischen Einwanderern importierte Baustil das klassische norddeutsche Langhaus ab. »Haubarg« bezeichnet den Ort zum Bergen (Lagern) von Heu. Menschen und Tiere lebten im

Dieser prächtige Haubarg mit seinem üppigen Obstgarten befindet sich in der Nähe von Warmhörn.

EIDERSTEDT

Die Schifffahrtsschleuse ist nördlich des Siels ausgebaut und ermöglicht den Schiffsverkehr auf der Eider. Die nutzbare Kammer ist 75 Meter lang und 14 Meter breit. Der Autoverkehr über die Schleuse führt über eine Waagebalken-Klappbrücke, die sich in zwei Minuten öffnet oder schließt.

In den Vorhäfen der Schleuse sind nicht nur die Liegeplätze für Schiffe, die auf ihre Schleusung warten, auch die Tönninger Fischereiflotte und die Schiffe des Wasser- und Schifffahrtsamtes Tönning haben hier ihre Liegeplätze.

Hier landen auch im Sommer die Ausflugsschiffe an.

Das Eidersperrwerk wurde ca. 15 Kilometer flussabwärts von Tönning im Mündungstrichter der Eider errichtet und hat inzwischen nicht nur mehr als 60 zum Teil schweren Sturmfluten getrotzt und tausendfach die Vorflut reguliert, sondern auch die Schifffahrt auf der Eider sichergestellt.

TIPP

Der Aussichtspavillon auf der Nordseite des Eidersperrwerks ist ein beliebtes Ausflugsziel. In dem kleinen Restaurant am Parkplatz kann man mit bester Aussicht Hausmannskost oder Fisch essen oder nachmittags Kaffee und Kuchen bestellen.

EIDERSTEDT

Die Sielsohle besteht aus einer flexiblen, etwa 30 Meter breiten Lage direkt auf dem Seeboden und einer darauf liegenden festen Schicht aus schwedischem Granitstein. Blöcke mit einem Gewicht von fünf Tonnen wurden über den Seeweg zur Eider transportiert. Weiterhin ist die Basis durch eine 80 Zentimeter dicke Stahlbetonplatte und eine 150 Zentimeter lange starre Sohlensicherung verankert.

INFO

Materialmengen zum Bau des Eidersperrwerks:
48.000 Kubikmeter Beton
7.000 Kubikmeter Spannbeton
6.000 Tonnen Beton- und Spannstahl
15.800 laufende Meter Stahlpfähle
18.000 Quadratmeter Spundwände
95.000 Tonnen Felsbruchstein
2,1 Milliarden Liter Wasser fließen durch das Sielbauwerk des Eidersperrwerks, wenn in dem zu entwässernden Hinterland nur 1 Millimeter Niederschlag fällt.

DIE EIDER WIRD GEBÄNDIGT: DAS EIDERSPERRWERK

Theodor Storm schreibt in seiner Novelle »Der Schimmelreiter«: »Ihr sollt mich nicht vertreiben, schrie Hauke Haien, und bohrte seine Hacken fest in den Klei.« Dann gibt er den Kampf wieder, den die Küstenbewohner an der Nordsee gegen die Naturgewalten geführt haben. Zunächst waren es Verbindungsdämme, die einzelne Warften schützten, dann Deiche, die anfangs zu niedrig waren und nicht die richtigen Winkel zum auflaufenden Wasser hatten – aber die Menschen lernten und bauten schließlich Deiche, die einigermaßen sicher waren. Schwierig war es mit den tideabhängigen Flüssen, weil die Flussdeiche zu niedrig waren oder den starken Fluten nicht standhielten und schwere Überschwemmungen noch weit im Hinterland bewirkten. Heute schützen etwa 300 Kilometer Deich die Küste gegen Sturmfluten, ein Teil davon bildet das Eidersperrwerk, das 1973 fertiggestellt wurde.

Das gigantische Bauwerk besteht aus vier zusammengehörenden Einzelbauwerken: dem Sielbauwerk mit den fünf Öffnungen von jeweils 40 Metern Breite, die von Spannbetonträgern überbrückt werden, in denen auch der Straßentunnel verläuft, der Dithmarschen und Eiderstedt verbindet. Jedes Tor wiegt 250 Tonnen, hat eine Staufläche von 400 Quadratmetern und wird mit Ölhydraulik in verschiedenen Geschwindigkeiten zwischen 0,22 und 0,66 Metern pro Minute gesenkt oder gehoben.

EIDERSTEDT

Die Schankwirtschaft Andresen hinter dem Deich bei Katingsiel

Heute gibt es noch die Schankwirtschaft Andresen in einem 325 Jahre alten Reetdachhaus mit der historischen Kachelstube. Die sorgsam gepflegte Inneneinrichtung schafft eine nostalgische Stimmung: Hier kann man sich den alten Hafen von Katingsiel vorstellen.

Zur Stärkung gibt es nicht nur Kaffee und selbstgebackenen Kuchen, es darf auch deftiger sein: Käse-, Schinken-, Matjes- oder Krabbenbrot, dazu Eiergrog nach dem Rezept der »Blonden Kathrein« oder Pharisäer. Die Schankwirtschaft liegt direkt hinter dem Deich.

EIDERSTEDT 99

»Wo einst Wattwurm und Sandklaffmuschel siedelten, finden wir heute ... eine Kooglandschaft. Ein Mosaik aus Überschwemmungsgebieten, Tümpeln, Teichen, Laubwald, Schilf-, Grün- und Ackerflächen bietet neuen Lebensraum für viele Tier- und Pflanzengesellschaften.« Im Mittelpunkt des Zentrums steht die ursprüngliche Natur, die erforscht und bewahrt wird. Vom Lina-Hähnle-Haus starten viele Forschungsreisen ins Watt für Groß und Klein.

Ein kurzer Blick in die Vergangenheit: Mit dem Bau der Süderdurchfahrt von Garding nach Katingsiel um 1612 war der Ort ein eigenständiger Hafen und zugleich die Hafenausfahrt von Garding, gewissermaßen ein Verkehrsknotenpunkt.

KATING UND DAS KATINGER WATT

Von Tönning nach Kating und ins Katinger Watt ist es nicht weit. Durch den Bau des Eidersperrwerks ist das Watt im Mündungsbereich der Eider vor Überflutung geschützt und trockengelegt, und 800 Hektar Land konnten gewonnen werden. Der Weg – am schönsten mit dem Fahrrad – führt durch ein einmaliges Naturschutzgebiet. Ruhe, weites Grün, besondere Vögel; hier sind die Brutplätze nicht nur des Austernfischers und des Kiebitzes, sondern auch der Bekassine, des Kampfläufers und des Rotschenkels. Viele andere Vögel leben am Rande des Schilfs. Das Katinger Vorland ist eingedeicht, so entstand die »Grüne Insel«. Im NABU Naturzentrum Katinger Watt zeigt eine Ausstellung u. a. die Veränderungen der Natur, die der Bau des Eidersperrwerks verursacht hat:

EIDERSTEDT

INFO

Große Tiere – kleine Tiere

Big Five:
Seehund und Kegelrobbe, Schweinswal, Seeadler, europäischer Stör!
Seehund, Kegelrobbe kann man hinter dem Deich bei Friedrichskoog beobachten, wer etwas Geduld und auch ein bisschen Glück hat, kann den Seeadler im Wattenmeer im Mündungsgebiet der Eider seine Runden ziehen sehen; Stör und Schweinswal schwimmen im großen Aquarium im Mulitmar Wattforum.

Small Five:
Wattwurm, Herzmuschel, Strandkrabbe, Wattschnecke, Nordseegarnele!
Exkursionen finden an vielen Stellen im Nationalpark statt, um die Lebensräume der Kleintiere zu erkunden.

Flying Five:
Alpenstrandläufer – Warum heißt die häufigste Vogelart an der Küste eigentlich Alpenstrandläufer?
Brandgans – gut 200.000 kommen im Juli und August in die weiten Wattflächen zwischen Büsum und Elbe. Was passiert hier? Und warum kommen sie ausgerechnet hierher?
Austernfischer – Wussten Sie, dass man an der Schnabelform erkennen kann, was die Vögel am liebsten fressen?
Silbermöwe – an den Stränden, ständig auf der Suche nach Nahrung. Muscheln werden im Ganzen gefressen. Aber wie knacken die Möwen die Schale?
Ringelgans – sie fressen Gräser und Kräuter der Salzwiesen, im Watt ernähren sie sich von Seegras und Algen. Wie viel Fett müssen sie sich im Frühjahr als Reserve für die Flugstrecke ins sibirische Brutgebiet anfuttern? Und warum gibt es sogar »Ringelganstage« im Wattenmeer?
Diese und alle anderen Fragen zu großen, kleinen und fliegenden Tieren werden auf den Exkursionen beantwortet.
(Informationen in den Nationalparkhäusern und bei der Tourist-Information)

EIDERSTEDT

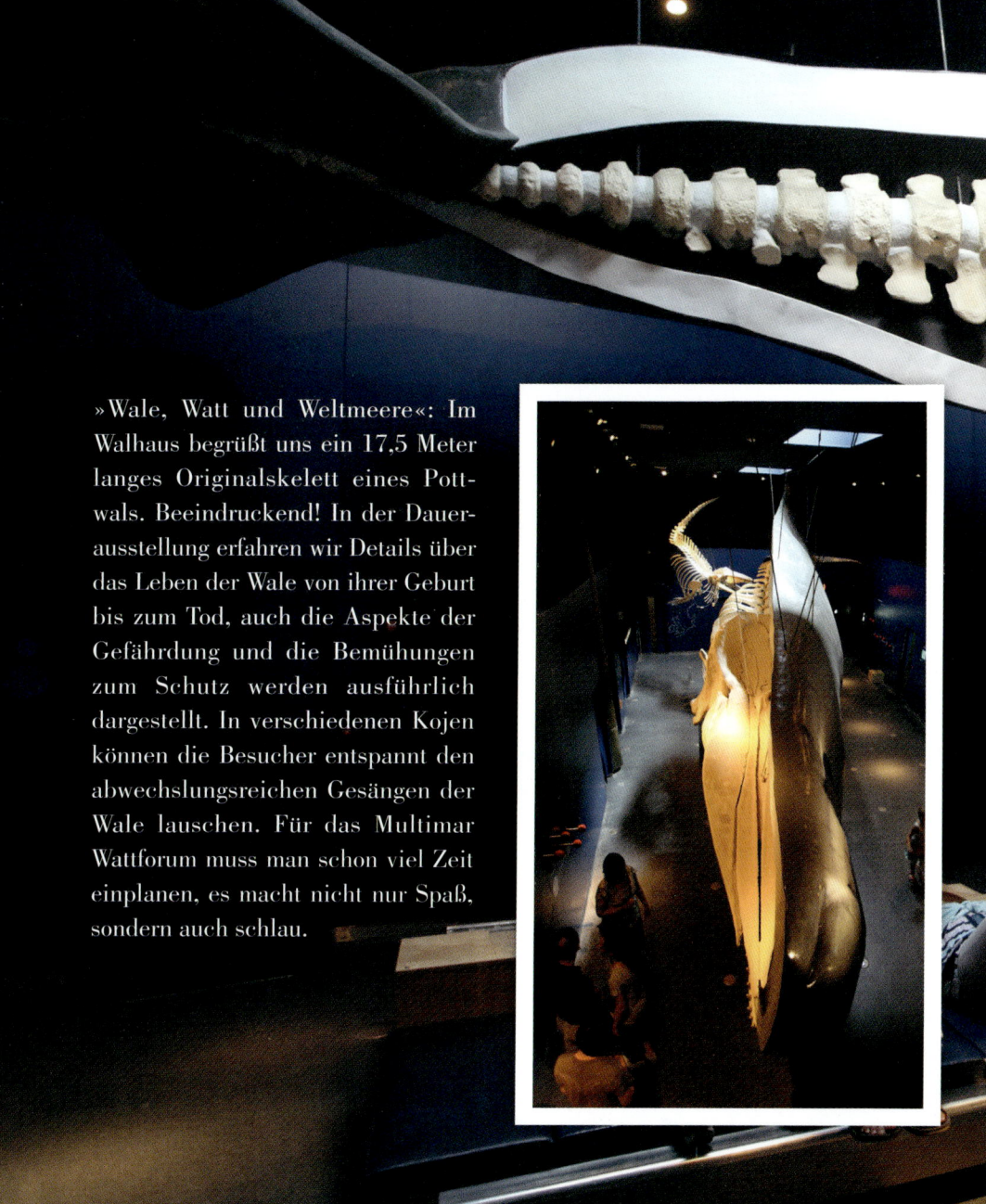

»Wale, Watt und Weltmeere«: Im Walhaus begrüßt uns ein 17,5 Meter langes Originalskelett eines Pottwals. Beeindruckend! In der Dauerausstellung erfahren wir Details über das Leben der Wale von ihrer Geburt bis zum Tod, auch die Aspekte der Gefährdung und die Bemühungen zum Schutz werden ausführlich dargestellt. In verschiedenen Kojen können die Besucher entspannt den abwechslungsreichen Gesängen der Wale lauschen. Für das Multimar Wattforum muss man schon viel Zeit einplanen, es macht nicht nur Spaß, sondern auch schlau.

EIDERSTEDT

Im Großaquarium mit 250.000 Liter Salzwasser: Hinter einer großen Panoramascheibe zieht der Katzenhai seine Runden, Kabeljau-Schwärme, der Stör, der Nagelrochen und der Hummer schwimmen dem Besucher gewissermaßen in die Augen; wer zur Fütterung das Aquarium besucht, kann dem Taucher im Becken seine Fragen stellen. Ob am interaktiven Computer, mit der Unterwasserkamera oder bei Steck- und Tastspielen – in der Erlebnisausstellung haben Besucher die Möglichkeit, selbst aktiv zu werden, und können ihren Forschungseifer und ihren Wissensdurst befriedigen.